武田清子

戦後デモクラシーの源流

岩波書店

まえがき

本書は、「戦後デモクラシーの源流」を近代日本思想史の流れの中に、ことに、大正デモクラシー、あるいは、リベラリズムのふところに探ろうとするものである。戦後デモクラシーは、占領軍から押しつけられたもの、戦争放棄の「日本国憲法」もマッカーサーに押しつけられた外発的なるもの、従って日本人の手で改正すべきだという人々がある。あるいは、戦後民主主義は無力であったという声が一九七〇年前後からしきりにきかれた。それが、中国の文化大革命の影響をもろに受けた時期の新左翼の知識人からも発せられた観があった。そして、あの敗戦という大きな犠牲をはらって、ようやく手にした戦後デモクラシーを無意味なものであるかのように考える風潮が生み出された。軍国主義的ファシズムに反対であった人々(自由主義者、キリスト者、社会主義者ら)は力が弱く、軍閥を排除する力を持たなかった。軍閥、特高警察、右翼団体などを排除したのは占領軍であった。しかし、占領軍は何をやってもよい占領軍ではなく、「ポツダム宣言」の拘束を受けていた。その趣旨は、簡約すれば、敗戦国日本を民主化すること、および、戦後の日本の政治体制は自由に表明された民意によって決定されるべきだということであった。そういう意味で、ＧＨＱは世論に神経をつかっていたし、また、それを重視した。

新しい憲法の草案は、主としてＧＨＱが用意したことは事実である。しかし、一九四七年五月三日に施行されたこの「日本国憲法」草案は、ただ占領軍から押しつけられたのではなく、これに対する〝国民投票〟的意味を持つ衆参両院の総選挙(同年四月)の審査を受けている。この総選挙の結果は、当時の日本国民の圧倒的多数が、日本の民主化を規定する新憲法を歓迎したことを示した。新憲法を支持することを公に表明した候補者が国会における大多数を占めたからである。大正デモクラシーの思想状況の中で青少年期をすごして終戦当時、成人していた日本国民が、解放感をもって歓迎した憲法であることを忘れてはならない。

信教、思想、言論の自由、男女平等の権利と地位、労働組合の合法化、土地制度の改革等々、デモクラシーの基本が確立されたことによって日本人民のエネルギーが解放され、戦後の経済成長、社会の発展も実現されたのではなかろうか？　ところで、ふりかえって、近代日本思想史の内実を注意深く探索すると、そこには、普遍的真理・法の支配の大切さ、人間の自由と人権の尊重、デモクラシーの原理等を日本人の心と社会関係の中に育もうと努めた人々や集団の忍耐強い働きがあったことを見出す。それは必ずしも大正期に限らない。

明治天皇制体制の設計者にして演出者ともいうべき伊藤博文のような政治家でさえも、彼が中心になって起草した明治欽定憲法の解釈において、「表」の絶対主義的天皇観と並んで、「裏」の制限君主的天皇観(君主権は憲法によって拘束を受けるという)を表明しており、相矛盾する二つの原理を巧みに操作する有能な政治家であった。そして、また、通常、考えられているように、ドイツ憲法に学んでいただけではなくて、民主的なイギリス法の専門家(F・ピゴット)をひそかに招いて勉強してもいたのである。

明治天皇は、国民教育の基本に、一八九〇(明治二三)年に渙発された「教育勅語」で満足していたのではなかった。フランスに長年学び、自由民権論者の中江兆民とも親交のあった政治家の西園寺公望(第二次伊藤内閣の文部大臣)の提言に賛同した彼は、よりデモクラティックな「新しい教育勅語」の起草を、西園寺に命じている。それは、芳川顕正ら、保守派の強硬な反対で「まぼろしの新教育勅語」に終ったが、後日、大隈内閣の文部大臣に就任した尾崎咢堂が挨拶に行った時、本文にも触れたように、明治天皇は、「西園寺の新しい教育勅語案は自分の気に入っていた」と語っている。このことにも、明治天皇のいだいていた考え方は推察できる。

日清戦争後、「強硬外交、皇室中心主義」の「大日本膨脹論」に転向する前の徳富蘇峰の唱えた平民主義(デモクラシーの訳語)も、明治二〇年代の『文学界』の人々(北村透谷、島崎藤村、戸川秋骨ら)のローマン主義的なヒューマニズム文学も、「明治の青春」を象徴する思想として、当時の日本の思想界にひろく影響を与えた。

大正デモクラシーの指導者であった吉野作造をして、「自分をデモクラシーに導いた」人といわせた浮田和民（早稲田大学の政治学者で歴史家）が編集主幹をつとめた（一九〇九―一九一九年）博文館の月刊雑誌『太陽』は、上杉慎吉と美濃部達吉の「天皇機関説論争」（一九一二―一九一三年）、与謝野晶子、平塚らいてう、山田わからの「母性保護論争」（一九一八年）、山川菊栄の「新婦人協会と赤瀾会」に始まる、平塚らいてう、市川房枝らの陣営と山川菊栄ら社会主義陣営との間の女性解放の理念と方法をめぐる論争、普通選挙運動の前哨戦ともなった選挙制度の民主主義的改正論議等々、言論活動を通して、デモクラシーへの道を準備していたことも見落せない。

これらは、大正デモクラシー、リベラリズムへと展開する内的要素を既に胚胎させていた思想のほんの二、三の例である。

このような土着の思想的系譜を継承しながら、それを、表層に浮上させ、しばしの間ではあったにせよ、日本の思想界において「正統」の座につかせた大正デモクラシーは、教養主義、民本主義、自由主義などとして展開した。しかしながら、ここで附言しておきたいと思うことは、それらが、決して、原理、原則の明確な、単線的思想の流れだったのではないということである。それらは明治憲法の枠内での展開であり、デモクラシー、リベラリズムの思想を拡充してゆこうと志向する思想の流れであった。

絶対主義的君主観と制限主義的君主観との二つの要素は、明治憲法の規定する天皇制体制のもとでは、黒と白に分明なのではなく、あいまいにからみあっているかに見える場合もあった。「主権の所在」を明確にせず、棚上げにして、「人民による、人民のため」の政治を追求した吉野作造の民本主義が、マルクス主義者の山川均によって、その〝あいまいさ〟を「デモクラシーの煩悶」と批判されたところにもそれは見られる。大正リベラリズムを代表的に示す思想活動と目された教養主義に二つの異質の系譜があり、天皇制体制へのかかわり方が別の方向へと分れていくというような問題を内包していた場合もある。

この小著の第Ⅰ部は、戦後デモクラシーの「源流」、「土着的根」を、大正デモクラシー、リベラリズムの思想活動のふところに探ろうとするものである。それは、二つの教養主義、津田左右吉の「平民文化」と和辻哲郎の「町人根性」、吉野作造の民本主義、新渡戸稲造の教育思想、婦人参政権獲得運動を主導した市川房枝の思想と行動、リベラリズムについての考察とともに、「不敬罪」に問われる中を護憲・民主主義のたたかいをした尾崎咢堂、昭和天皇の機関説的天皇観、「戦争放棄」の条項を新憲法に入れることを提案したリベラルな外交官、幣原喜重郎総理にもふれた講演などの記録である。

第Ⅱ部の一つは、ラインホールド・ニーバー生誕百年の記念集会における講演であるが、人間がその「自由」においておかすところの、自己中心的、自己絶対化の「悪」(罪)の問題を、個人の悪の問題としてだけでなく、社会化した悪(グループ、階級、国家などが集団として犯す社会悪)の問題としてもとらえ、自由と正義の緊張関係においてデモクラシーの課題を追求した彼の問題提起から、人間と歴史への洞察を学ぼうとし、さらに、今日の私たちへのメッセージを読みとろうと試みたものである。他の一つは、キリスト教と日本の文化的、思想的土壌との出会いの場にあって生きた浅野順一牧師の思想と行動の軌跡からも、同じく人間と社会についてのメッセージを学びとろうとしたものである。

上述のように、戦後デモクラシーは、近代日本の思想的土壌に「源流」をもつ思想である。それを忍耐強く培った先人たちのいとなみを継承し、未来にむかって、日本人の心と社会により深く根をはる土着のデモクラシーへと成長させていくことが求められている。この小著は、こうした課題をたずさえてのささやかな思想史研究のいとなみからの語らいである。

戦後デモクラシーの源流　目次

目次

目次

第Ⅱ部　人間と歴史への考察

目次

第Ⅰ部

戦後デモクラシーの根を探る

1　日本思想史における大正期
——戦後への展望

一　近代日本を貫く二つの原理——二頭立ての馬車

大正期に入る前に、まず明治天皇制体制が内包していた「二つの流れ」といいましょうか、「二つの原理」について考え、それが大正期に、そして、その後の近代日本の歴史を貫いてどのように展開したかということから考えていきたいと思います。

幕藩体制解体後、近代統一国家形成の原理として設計された天皇制体制は、「二頭立ての馬車」ともよべる二つの異質の要素を内包する体制でした。伊藤博文が中心となって起草し、仕上げた大日本帝国憲法(明治欽定憲法)における天皇の性格につき、伊藤自身、二重の解釈を示しています。西洋先進諸国の外圧のもと、近代統一国家形成にあたり、皇室を西洋諸国におけるキリスト教に代わる国家の機軸としようと考えた伊藤は、保守的な国学者流の思想家たちや一般民衆に対しては、天皇は憲法をも超える存在であって、お恵みによって国民にこの憲法を与えて下さるのだと説明し、天皇を絶対化する立場をとりました。したがって、ドイツから助言者として招いた憲法学者たち(Albert Mosse, 及び、Hermann Roesler)が、憲法草案起草のプロセスにおいて、近代国家の憲法に神話的要素を入れることに反対しても、伊藤は、「大日本帝国ハ万世一系ノ天皇之ヲ統治ス」(第一条)といった歴史観、「天皇ハ神聖ニシテ侵スヘカラス」(第三条)といった宗教的、超越的、絶対主義的要素を入れることに固執したのでした。これが、後日、拡大解釈されると、昭和前期の超国家主義となり、軍国主義につながると、日本独得の天皇制的ファシズムとなって機能することとなりました。

他方、伊藤は、ドイツ憲法のみを学んでいたのではなくて、イギリスの法律家ピゴット(Francis Taylor Piggott)を憲法取調の法律顧問として日本に招き、毎日、首相官邸に通わせ、イギリス法についても学んでいました。これは、イギリス的憲法論に通じた論敵、福沢諭吉や大隈重信らの批判に備えようとしていたとも見られますが、それだけではない彼の考え方にもよるとも考えられます。彼は、憲法における天皇の位置につき、上述の第一の解釈だけをとっていたのではなくて、天皇は、この憲法の条規によって統治権を行使する(第四条)との制限君主的解釈をも明らかにしていました。それは、帝国憲法草案が枢密院で審議された時、この第四条の削除を提案した山田顕義の主張に対し、議長の伊藤は、「憲法政治と云えば、即ち、君主制限の意義なること明なり」といって譲らなかった。伊藤のこうした態度の動機は議会の尊重のためではなく、藩閥政府の専制を有利に導くためであったとの見方もあるにせよ、制限君主的解釈を明示したこの第二の要素は、ある意味では、明治憲法体制内にかくされた民主主義、あるいは、合理主義への可能性を内包する要素だったといえるでしょう。もっと実際的観点からは、憲法論に通暁した民権論者らへの目くばりとも見られ、彼らを抱きこむことを得させた要因だったともいえます。そして、この要素を表層に浮上させ、これを明治憲法理解の正統の座につかせると、天皇機関説や大正デモクラシー(民本主義)、護憲運動へと発展する可能性を内包するものだったといえるでしょう。

このように、明治期に確立された天皇制体制は、性格を異にする二頭の馬にひかれる「二頭立ての馬車」のように、相反する二つの原理を内包する国家体制だったといえます。明治天皇というカリスマ的頭首と有能な馭者(伊藤博文ら)の巧みな手綱さばきによって、二頭立ての馬車は一応バランスを保って運転されたのでした。

しかし、この二つの要素が均衡を保つほど同程度に強かったわけでは勿論なく、ことに、天皇制体制が確立し、それが、「教育勅語」や内閣から独立した統帥権などによって、国民教育、軍隊などにわたって補強されてゆくにしたがって、第一の要素、すなわち、天皇の絶対主義的性格がだんだんに強くなり、正統の座を占めて行ったことは事実です。それは、内村鑑三が「教育勅語」に拝礼しなかったことが物議をかもしたところの、いわゆる「不敬事件」(一八九一年)、これを契機として展開された「教育と宗教の衝突論争」(一八九一—一八九三年)にも、また、明治末期に幸徳秋水らが処刑された「大逆事件」(一九一〇年)などにも見られるところです。慶応義塾で学び、福沢諭吉の影響を深く受けた政治家で歴史家の竹越与三郎(三叉)は、当時、国民の間に広く読まれ、まさにベスト・セラーになった彼の代表的著作『二千五百年史』(一八九六年)の中で、明治国家体制において天皇の地位はわが国有史以来、「未だ嘗てあらざる」最高の地位に達していると述べています。

しかしながら、それにもかかわらず、もう一つの要素が消滅したわけでは決してありませんでした。近代日本は、上述の二つの原理が、時には、緊張関係に立ってバランスをとり、あるいは、相剋し、あるいは、二つが分解して、そのうちの一つの要素が表層に顔を出し、他の時には、もう一つの要素が自らを拡大解釈して他の要素を制圧し、自らの絶対的なる正統性を自らをこえて僭称するというような展開を持ってきました。そして、別の表現をとれば、近代日本はこれら二つの要素の戦場であったといってもいいように思えます。

そして、大正期は、短い期間であったとはいえ、思想的には、制限君主的天皇観(美濃部達吉のいわゆる天皇機関説的憲法解釈、吉野作造の民本主義など)が表層に位置を占め、デモクラシー、ヒューマニズム、リベラリズムが指導的時代思潮となった時期でした。そして、この大正期が培った人間観、国民思想こそ、まさに、戦後のデモクラシーの土着的根を用意したものであったと私は考えます。しかし、それにもかかわらず、大正期の思想は、単純に戦後デモクラシーに直結するともいいきれないものがあり、ある部分では昭和前期の超国家主義をささえる要素を内包してさえもいたように思えます。そして、それは、戦後思想史の内包するある要素にもつながるものといえます。

そういう意味で、日本思想史における大正期の思想の特質を見きわめることは、重要な思想史的課題だと考えるものであります。

二　大正期の内包する思想史的問題

大正期の内包する思想史的問題を二、三の具体的な例で考察したいと思いますが、はじめに大正期の思想的特質を(少し単純化するきらいはありますが)、概観しますと、第一は、国家を超越する普遍的価値、普遍的法則の確認であり、国家をも普遍的法により対象化してとらえようとする関心、第二は、国家から独立した、人格として自由な個的人間の尊重であり、確立であったといえるでしょう。

第一の、国家をユニヴァーサルな法によってとらえるという観点を学問的に明確にしたのは、国家法人説によって明治憲法を解釈し、国家の一つの機関として天皇の位置づけをも明らかにした美濃部達吉のいわゆる「天皇機関説」や、「人民による人民のための政治」としてのデモクラシーを追求した吉野作造の民本主義などであったことはいうまでもありません。それと共に普遍的価値観に立って国家をこえたものの考え方は、武者小路実篤ら白樺派の人たちの人類主義的考え方にも顕著にみられます。ことに、彼らが現実社会をこえたユートピア的共産社会の形成を目ざした「新しき村」において、村の祭日に、日本国家の祭日を無視して、シャカ、ヤソ、ロダン、トルストイらの誕生日、および、正月元旦と村の土地が決まった日を祭日としたことにも、人類主義的、普遍主義的立ち所がうかがえて面白いと思います。

第二の、国家から独立した個的主体としての人間の把握、その自由を尊重する思想は、第一の特質と相表裏する問題だといえますが、そこには、キリスト教に立つ人間観とそうでない思想とのちがいはあるとはいえ、概括していえば、大正ヒューマニズム、リベラリズム、あるいは、教養主義などとよばれる系譜がありますし、児童の個性、自発性、自学・自律を重視した自由主義教育が推進された新教育運動(成蹊、成城等、多くの新しい学校が創設された)があり、また、青鞜社(一九一一年)、新婦人協会(一九二〇年)等をはじめとする諸々の女性解放運動、さらに、理由なき差別の廃止を追求した水平社運動等、民衆運動としても展開して行ったことは、よく知られているところです。

以上のような思想的特質をもつ大正期が内包していた思想史的問題を、戦中、および、戦後への展望のもとに、二つの教養主義、および、津田左右吉の「平民文化」と和辻哲郎の「町人根性」をめぐって考察してみたいと思います(もう一つ、吉野作造の民本主義については、次の章で詳述する)。

二つの教養主義

上述のような大正期の思想状況の中で、知識人の間に〝教養主義〟とよばれるリベラルな思想的グループがありました。一般的には、文化主義、人道主義、あるいは、人格主義ともよばれましたが、大正期の教養主義(リベラリズム)は、昭和前期の天皇制ファシズム・軍国主義と対決することも出来ない、ひ弱なオールド・リベラリストの教養主義として、第二次大戦後、革新派の人たちから批判され、嘲笑をさえも受けたのでした。

しかし、この教養主義には、よく見ると、二つの異質の価値観に立つ思想の流れがあり、それが、昭和前期の超国家主義の時代思潮に対しても、また、戦後の民主主義化の思想に対しても、対照的な対応、ないし、役割を果すものとなったと私は考えています。そういった関心をもって、この「二つの教養主義」について先ず考察してみたいと思います。

その一つの流れは、夏目漱石から影響を受けるが、漱石の倫理性とはある異質性をもつと共に、ケーベル(Raphael von Koeber, 1848-1923)から西欧的教養と学問的訓練を受けた、いわゆる教養派の人たち(雑誌『思潮』によった阿部次郎、和辻哲郎ら)によって代表される流れです。ケーベルはロシア生れで、音楽にも専門的素養をもち(後に、東京音楽学校でピアノを教えたことが示すように)、ドイツで哲学を学んだ教養人で、一八九三(明治二六)年、東京大学の招きによって来日、一九一四(大正三)年までの二一年間、西洋哲学、ドイツ文学、ギリシア語、ラテン語などを講じ、多くの学生にしたわれ、思想的に大きな影響を与えました。ケーベルは、自らの哲学的立場を超越的汎神論、あるいは、キリスト教的汎神論とよんだということです。そして、阿部次郎の『三太郎の日記』(一九一四年)は当時の教養の観念を先駆的に示すものでした。彼は、ドイツに留学し、新カント派の影響を受けていますが、いずれにせよ、彼の人格主義の主張は大正教養派を代表するものと目されています。和辻哲郎の『古寺巡礼』(一九一九年)、『日本古代文化』(一九二〇年)などもこの思想グループの典型的な産物でした。これらケーベル門下の人々の教養主義は、人格的、実践的関心よりも、知的、文化的関心に特色があり、たとえば、和辻の場合にみられるように、本来、信仰の対象、あるいは、表現であった古仏、古寺を美術品として美的観賞の対象として取扱う(『古寺巡礼』)という態度に明らかにみられます。そこでは、人格主義も観念的な内面省察に終わり、歴史変革力、あるいは、歴史形成力としての社会的現実認識や実践へと主体をつき動かしてゆくような、ダイナミックな思想ではなかったように思えます。

これと対照的に、もう一つの流れは、新渡戸稲造と内村鑑三の二人の思想家より人格的、思想的、信仰的影響を受けた第一高等学校出身の一群の学徒にみられるところの、キリスト教信仰に基づく人格主義的教養主義です。それは、キリスト教信仰を基盤として、超越的、絶対的他者である神に自己超越の拠点をもち、その神への信従において内面的人格の形成を重視するとともに、他者との人格的かかわりとしての社会性、社会関係への積極的、実践的かかわりを重んずる教養主義であります。これら二つの思想の流れは、一般に「大正リベラリズム」、「教養主義」と総称されていても、思想の質を異にした教養主義でした。

『武士道——日本の魂』(英文は一九〇〇年、矢内原忠雄による日本語訳は一九三八年)の著者として、世界の人々に対して日本思想の解明を試みた新渡戸稲造(一八六二—一九三三)は、一九〇六年より一九一三年にいたる期間、第一高等学校の校長をつとめましたが、彼が強調したのは、「内面的な人格形成」、「才能よりも品性、理智よりも霊性」、「to do よりも to be」ということでした。そして、東洋豪傑風の国家主義的籠城主義が支配していた第一高等学校の学風を、人格主義的人間観に立つ教養主義、および、他者や他民族、他文化にむかって開かれ、社会関係、社会問題に責任をとる社会性を尊重するリベラルな学風に一変させました。しかも、それは、学校当局による上からの学制改革によるのではなくて、ウィリアム・ペンやカーライルやゲーテなど、人類史における代表的先人の著書を読ませる読書会や人生の意味を問いあう弁論部活動など、新渡戸自身が指導する学生のクラブ活動を通して、学生自身の思想変革、思想運動として進められました。それは、学生のふところからの思想改革にもとづく学風改革となったのでした。

クェーカー信徒だった新渡戸は、本来、他の宗教や思想的立場に寛容でしたが、さらに、教育者としての慎みから、キリスト教的影響を直接的に学生たちに与えることをひかえました。それは、自己を超えたものとの関係を「神」とはいわず、「ヴァーティカル」、他者との横のかかわりを「ホリゾンタル」と表現し、その二つの交叉する場に自己を見出すというような説き方に顕著にみられます。しかし、それでもキリスト教に関心を持つ学生たちのためには、その指導を、札幌農学校の同級生で無教会の創始者となった内村鑑三(一八六一―一九三〇)に託しました。それらの学生には法科生が多く、その後、日本社会のいろいろの分野で重要な働きをすることとなりました。前田多門、岩永祐吉、藤井武、三谷隆正、高木八尺、森戸辰男、沢田廉三、川西実三、黒崎幸吉、塚本虎二、南原繁、矢内原忠雄等々がいました。

内村鑑三は贖罪論を重んずる正統的福音主義の信仰に立つキリスト者で、美的価値に耽溺することが内包する頽廃性の可能性を鋭くかぎわけ、そのような教養を断つというようなきびしさをもっていました。こうした内村と新渡戸の両者から信仰的、思想的影響を受けることによって、信仰による「自己否定」、この世的価値の否定をふまえて、この世の文化・社会の革新へと積極的にかかわってゆく教養主義の独自な系譜が生み出されていったのでした。

一般に大正リベラリズム、教養主義と総称される中に以上のような思想の本質を異にする二つの教養主義の系譜が存在したわけですが、それらが、その後の歴史の展開の中で、ことに、昭和前期の、国体明徴思想、超国家主義の強調された思想状況にどう対応したかは興味深い問題です。両者の対照的な対応をあとづけてみましょう。

前者の教養主義の系譜を代表する一人、例えば、和辻哲郎は、汎神論的立場で、国家は絶対者を具現するもの、天皇への帰依を除いて絶対者への帰依はあり得ないとしました。和辻が一九四三（昭和一八）年に公にした『尊皇思想とその伝統』（岩波書店、『和辻哲郎全集』第一四巻に所収）において、彼は、天皇の神聖性を、天皇が天つ神の御子としての神聖なる権威を担っているということ、および、この神聖性の背後に皇祖神の神聖性があるということによって説いています。国民は単なる生活共同体ではなくて、祭祀的統一として成立する精神的共同体、祭祀的に統一した高次の団体だといっています。そして、そのような社会構造の自覚として天皇の神聖な権威を承認し、それに帰属するということを中心とした倫理思想が尊皇の道だと説いています。「清き心」をもって天皇に随順することが尊皇の道だとしています。また、一九四三年四月、海軍大学校で行った講演「日本の臣道」（『全集』第一四巻）においては、尊皇の道を絶対化し、天皇への随順、つまり、「尊皇の道」、あるいは、「皇国の道」という日本固有の価値を他国、他文化の伝統に対してすぐれて普遍妥当性をもつ絶対的価値だとし、それへの随順、尊皇の道の絶対化を説いたのでした。これらの主張は、軍国主義的・天皇制的ファシストらによって唱道された昭和前期の超国家主義のイデオロギーを、東京帝大の教授が倫理学的立場からバックアップするものとなったのでした。

これと対照して、キリスト教信仰に基づく教養主義の系譜の人々は、絶対的超越者である神に究極の拠り所を持つことによって、地上の国家を対象化し、批判的にそれを見、それを新たに建て直す課題を明確にしています。

たとえば、日中戦争の始まった一九三七(昭和一二)年、矢内原忠雄は『中央公論』(九月号)に論文「国家の理想」を発表、国家の理想は正義と平和にあるとし、戦争という方法によって弱者をしいたげる暴力的政策は滅びにいたる道だと論じ、さらに、藤井武の記念講演「神の国」の中で理想を失った日本国は一度葬って新たに出直さねば救われないと述べました。これが反戦論、祖国呪詛思想として批判され、右翼思想家の攻撃をうけ、さらに東京帝国大学経済学部からも辞任に追いこまれたことは世にひろく知られるところです。

南原繁(東京帝国大学法学部教授)は、一九四二年に公にした『国家と宗教』(岩波書店)において、神の国、すなわち、「天の国」と、政治的共同体である「地の国」との区別を明確にし、神を信じる者が、地上の政治的、道徳的、文化的営みや結合のすべてから解放されて、天の国の市民であるところの、その拠り所を明らかにする。しかしながら、こうした政治的国家からの超出が、政治社会そのものの否定を意味するのではなくて、「天の国」に属する者としての超越的拠り所から地上の国家に対し、それを新しい課題をもって建て直す使命をもつものであることを説いています。太平洋戦争もはじまった昭和一七年という戦時下のきびしい現実においてです。

南原、矢内原らと共に新渡戸稲造と内村鑑三の愛弟子であった三谷隆正が戦争末期に結核による死に直面しながら書いた彼の最後の著書『幸福論』(一九四四年、近藤書店)も超国家主義への鋭い挑戦を内包する思索の書でした。この本の中で三谷は、超越的人格である他者、量的に一個の自己を越えるだけでなく、質的に全く人間を超えるものとしての他者、即ち、絶対超個的生命の主体としての「神」の観念を明確にし、それと世界内在的、汎神論的神としての大我(国家)との根本的ちがいを明らかにします。そして、小我を発足地として到達される大我(国家)への献身からは本当の創造は生れないと断じ、大我(国家)への自己没入と献身が説かれる超国家主義の理念・イデオロギーをきびしく批判しています。

三谷隆正のこの『幸福論』は、南原繁元東大総長の歌集『形相』の中の一首、「亡き友のいのちつくして書きにける幸福論を校正す吾は」にみられるように、三谷没後、学生時代以来の親友、南原繁が戦争末期のきびしさの中で校正し、出版にこぎつけたのでした。『幸福論』は、一九九二年、岩波文庫として出版されています(解説は筆者が執筆)。

なお、この第二の系譜の人たちについて、もう一つつけ加えておきたいことは、敗戦後、日本の民主化にあたっての主体的、主導的働きについてです。

連合国軍による占領下、日本国民が自信を失って奴隷根性にならないよう、誇りをもって国を再建することの大切さを訴えつづけたのは南原繁東京大学総長でした。また、教育刷新委員会(委員長・安倍能成→南原繁)の第一特別委員会は、国民教育の根本理念を「教育勅語」ではなくて、国民を代表する国会が採択する「教育基本法」によるものとする、という大転換の結論を出しましたが、この委員会を責任をもって進めた田中耕太郎(文部大臣)、山崎匡輔(文部次官)をはじめ、芦田均、森戸辰男、河井道子らの委員はひとしく新渡戸の弟子でした。私は、未公開のその速記録を読む機会をもちましたが、それをくわしく検討してみましても、占領軍からの指令や圧力などはみられず、彼らは青年時代より身につけた思想にもとづいて主体的に日本国民の教育理念のゆくえを討議しており、まどろっこしいようなジグザグの模索のすえ、「教育勅語」を無効化し、「教育基本法」を国会が制定するという結論にたどりついています。

一九四八年六月一九日、衆参両院が「教育勅語」、「軍人勅諭」等の失効確認決議をするよりも一年半以上も前の一九四六年一一月に、当時の文部省(田中耕太郎文相、山崎匡輔文部次官)は「教育勅語」の無効化を全国の学校に通達しています。終戦直後の時期、前田多門、田中耕太郎、森戸辰男ら、新渡戸と内村の弟子たちが文部大臣として戦後教育の民主化の方向づけに重要な働きをしていることをつけ加えておきたいと思います。

はじめにも述べましたように、大正期は、戦後デモクラシーの苗床、あるいは、萌芽をある程度用意した時期であったと私は考えるものでありまして、今、ここにあげた教養主義の第二の系譜はその一部分だといえると思います。しかし、大正期の思想の中には、戦後デモクラシーにつながる要素と共に、ヒューマニズム、あるいは、リベラリズムのガウンをかぶりながら、その内実は、昭和前期の超国家主義につながり、それを補強さえもする要素が混在していたことが、二つの教養主義の検討を通しても明らかにみられると思います。

津田左右吉の「平民文化」と和辻哲郎の「町人根性」

大正期を代表する歴史学者で思想史家である津田左右吉が、『神代史の研究』(一九二四年)、『古事記及日本書紀の研究』(一九二四年)、『日本上代史研究』(一九三〇年)、『上代日本の社会思想』(一九三三年)等を通して、これまでの皇国史観の基礎となっている『古事記』『日本書紀』などの神代説話が、客観的事実ではなくて、天皇支配の正当性を主張しようとの政治的意図をもって後世の朝廷の官人(恐らく藤原不比等)が書かせたものと考えられるということ、そこには当時存在したと考えられる説話も使われているから全部がうそではないが、神代から仲哀天皇に至るまでは歴史的事実ではないことを、実証的に明らかにしたことはよく知られるところです(そのことの故に一九四〇年には皇室の尊厳を冒瀆するものとしてこれらの本が発禁になったことも)。

私は、ここでは、特に、津田左右吉の「平民文化」観と和辻哲郎の「町人根性」とを対比して考えたいと思います。

津田左右吉は、日本史の中に「平民文化」の時代を発掘した歴史家、思想史家だといえると思います。家永三郎は「津田史学は大正デモクラシー思想の歴史学における発現」(『津田左右吉の思想史的研究』一九七二年、岩波書店）といっていますが、私も同感です。もっとも、私は、津田の戦後の思想を〝転向〟とする家永教授の評価に賛成するものではありませんが。津田の『文学に現はれたる我が国民思想の研究』（『貴族文学の時代』一九一六年、『武士文学の時代』一九一六年、『平民文学の時代』一九一八―一九二一年）は、文学を通して国民思想を探ろうとする画期的な思想史的研究ですが、『貴族文学の時代』の序文に、「国民の思想は国民の全生活と共に歴史的に発達するもの」といい、「僕の研究の主旨は……我が国民の思想と実際生活との交渉を探求しようとする」ことだといっています。津田は、国民思想は、実生活や環境によって形づくられる側面と、思想が実生活の上に新しい状態を作り出し、未来の歴史を作ってゆくという側面とのダイナミックな相互作用をなすものとしてとらえています。このような活動をなす国民思想を国民の実生活を通して把えようとすることに津田の思想史へのアプローチの基本的姿勢がみられます。

第二に、津田は、武士が農工商をおさえて支配的地位を占めていた封建時代である江戸時代を、平民文化の時代と断定しています。文化的、思想的観点から見る時、町衆や町人といわれる者たちが支配的な経済力をもち、生々とした文化の担い手になった。江戸時代の文化を代表する者は平民だったといっています。

第三に、彼の平民文化のとらえ方ですが、文化活動において平民の血、平民のエネルギーがいかに生産的な働きをしてきたかに関心の眼を向け、武士の場合もたえず平民出身の者を側室にするこ

津田左右吉．東京・境の自宅付近にて．1956 年 3 月．
〔撮影＝宇波彰〕

となどによって補われ、血統的にも平民の血が常に混合してゆき、そのことによって、彼ら上流階級のひ弱さが克服され、健康が保たれてきたといいます。また、文化の舞台である都市に地方民が滔々と流れこみ、新勢力を樹立して、代る代る先住民を駆逐し、征服してゆくことに、地方民による文化の活性化がみられたといっています。江戸、大阪に文化の花が栄えたのは、この新陳代謝が旺盛だったからだといいます。

第四に、名のある学者が平民から出ていること、儒者はもとより国学者でも大抵は農商出身であり、地方人が多いことを多くの学者の名をあげて説いています。また、本居宣長、三浦梅園、広瀬淡窓らの大家が田舎に根拠をすえ、多くの学生を吸収していたこと、学問をすることが平民から武士階級に登る近道だったこと、大名は学問のために平民を採用しなければならなかったのであり、幕府も学問の振興の為に地方人を登用して官学の権を委任したことなどを例示しています。

さらに、津田は、平民文学として俳諧を重視し、特に一茶の俳句への傾倒には興味深いものがあるように思います。一茶は職業としての俳諧師ではなく、人としての俳人、他人の模倣を許さない俳人、日本の生んだ唯一の愛の詩人だとさえいっています。平凡の語を用いて平民の日常生活の断片が徹底的な真実味を以て描かれ、どこまでも生きた人生の表象をとらえた詩だといい、俳句は徳川時代の新しい産物であり、平民の手によって創造せられた文学だったと津田はいいます。そして、権力や因襲や時の風潮に全く征服せられてしまわないわが国民の意気の象徴として文化史的意味があるとも彼はいっています。

露の身は露の身ながらさりながら
故郷は蠅まで人を刺しにけり
母親を霜よけにしてねた子かな（橋の上の乞食）
それがしも宿無しに候秋の暮
合点してゐても寒いぞ貧しいぞ
これがまあ終《つい》の栖《すみか》か雪五尺
窓の穴壁の割れより吹雪かな

等々の俳句がとり上げられています。また、雨か雪の中をゆく大名行列をこたつにあたりながら見ている平民の気楽さを抵抗心と共にうたった一茶の次の俳句も津田自身には気に入っていたようでした。

ずぶ濡れの行列を見る巨燵《こたつ》かな

自ら貧しい平民でありながら、一茶が平民生活の現実を通して平民の思想を表現した平民文学としての一茶の俳句を、津田左右吉が日本思想史の中に発掘し、位置づけたことは興味深く、また、重要だと思います。

これと対照して、大正教養主義の代表者の一人と目されるとともに、思想史家としての和辻哲郎が、津田左右吉の『文学に現はれたる国民思想の研究』(「平民文学の時代」一九一八―二一年)より一〇年ばかり後になりますが、一九三一(昭和六)年に近代日本の思想史の総括的評価ともいうべき意図をもって書いた「現代日本と町人根性」(『続日本精神史研究』一九三五年に収録、『全集』第四巻)における彼のいう「町人根性」のとらえ方を検討してみたいと思います。

和辻は、ヨーロッパの近代資本主義の特徴を、ゾンバルトによって、ブルジョア精神、企業精神、合理化の精神等だと規定し、ブルジョア精神とは、中世において正しいとされなかった無制限の営利追求を神聖なる義務と見る精神だといい、ここには、利得が自己目的となり、利得への飽くことなき追求が生活の主導動機となるのであり、企業精神とはこうしたブルジョア精神にもとづいて、権力・支配・組織等を追求する冒険的精神だととらえています。近代資本主義がこのような特質をもって展開してきたことは事実だと思います(ただ、マックス・ヴェーバーの『プロテスタンティズムの倫理と資本主義の精神』が規定するような初期資本主義の精神、合理性、企業精神などとは質を異にすることは明らかですが)。

和辻は、近代日本は維新以来、上述のような資本主義文明への追随という一つの態度に統一せられてきたといい、共同社会的自覚と利益社会的発展との相互制約が破れて、ただ利益社会の発展にのみ傾き、「人格共同態」的団結の意気をもった国民的自覚が稀薄になってきている。日本の国民精神の喪失の危険は資本主義の精神自体の中にある。そして、「資本主義精神とはブルジョワ精神であり、ブルジョワ精神とはまさに『町人根性』」だといい、「今や日本は『町人根性』に支配されている」(「現代日本の町人根性」『続日本精神史研究』二八九—二九〇頁。『全集』第四巻四四八—九頁)といっています。

そこで、和辻は、武士階級が社会の秩序を保証し、人倫の道の実現のため、「私」の利害を顧みず、「公」に奉仕したことと対照し、町人階級は、営利を最高の目的として金銭に奉仕する生活態度を武士から卑しめられたが、「町人階級はこの『蔑視』を甘受することによって、すなわち、金銭を卑しいとする価値秩序の下に無制限に利を追い金銭に奉仕することが許され」(三〇三頁)たのだというとともに、町人階級の勃興と発展をたどります。このようにして、和辻は、「町人根性」を次のように定義しています。

「町人根性とは本来ただ町人の根本的性格あるいは町人のこころ(すなわち町人精神)を意味する言葉である。にもかかわらずそれが何らか蔑視的な意味を伴なったものとして我々に伝承せられているのは、町人の根本的性格の内に蔑視すべきものを見いだしている立場がそこに含まれているからであろう」といい、「その根本的性格は何であり、そこにおいて蔑視せられるものは何であろうか」と続けています。

和辻は、本来的町人、模範的町人の型を、油断なき胸算用、勤勉、倹約、才覚、適度の浪費と人情の尊重などを結合させたものと規定するのですが、町人根性が蔑視せられるのは、営利を絶対的目的とする自己中心主義であり、家の利己主義であり、道義を手段とし、社会の全体性をかえりみないことだとし、全体性のために自家の利と福を犠牲にする武士階級の理想からみれば明らかに価値の逆倒であり、それが武士階級崩壊後も武士的道徳観から蔑視されつづけたものだといっています(三三一―六頁)。ここには武士階級が専有した階級的特権意識や利己主義は不問に付され、武士の道徳が非常に理想化され、利益追求、自己中心主義、家の利己主義の悪はすべて町人根性の特質と断定する観点が露骨であり、津田左右吉の平民観ときわ立って対照的です。

第二に、和辻は、この町人根性が明治維新後は、その本質を変えることなく、欧米の資本主義精神という新しい外来の衣裳を身につけて転身し、町人は、実業家、企業家、銀行家という新しい名をもって社会的支配力になってきた。「士魂商才」のモットーに見られるように、封建制下の門閥制度に強い憤りを感じていた下層武士階級が、洋学の力によって欧米の資本主義的経済組織を学びとり、当時の政府が上から敢行したブルジョア革命に相応じて、彼らが指導力となって日本に資本主義を発展せしめた。これが明治初期の文明開化の意義に外ならないと和辻はいっています。明治初期に文明開化、啓蒙主義などが果したところの、封建道徳から独立自尊の人間への価値観の転回の意味などは捨象され、利益追求の利己主義としての資本主義のみが文明開化の特質とみなされています。

第三に、和辻は、福沢諭吉の思想こそは町人根性の典型だといいます。『西洋事情』も『学問のす丶め』も、封建思想を打破して、文明開化の精神を鼓吹する上にきわめて有力であったが、その内容は「功利主義的・個人主義的思想の通俗的紹介に過ぎなかった」(三四七―八頁)。ここでは、商売は身を立つる根本とされ、目的が銭にあり、学問が手段となる。まさに町人根性である。この町人根性がその本質を変えることなく、文明開化の精神になったといい、ここで和辻は福沢の「学者と町人」(大正版『全集』第一〇巻、明治一九年九月二九日―一〇月一日)をとりあげ、「文明男子の目的は銭に在りといふも可ならん」(九〇頁)を引用、実学の知識ある士が商売社会に侵入して商売の地位を推し上げれば「前途の望み洋々春の海の如し」(九九頁)という時、町人根性の転身がいかにして為されたかがまざまざと見られるといっています。

そして、こうした転身を根拠づけるものが「個人主義」と「功利主義」だとし、その展開を福沢の『文明論之概略』、『学問のす丶め』等を中心に論じ批判してゆきます。福沢において、武士をその階級に束縛してきた「君臣の大倫」を「人間天賦の自由」、「人々持前の権理通義」をもって覆し、個人が社会国家よりも先であるとの思想が主張され、それが社会に受け容れられたことによって、主家の全体性が覆され、総じて全体性が見失われた。福沢が「国とは人の集まりたるもの」とし、その集まれる人が申し合わせて作った「会社」であり、政府とは個人の権理通義にもとづく約束の上に成立したものとすることによって、自己保存欲を根本原理とする利己主義に到達した。これは、ベンサム的功利主義と結合した個人主義的利己主義、利己主義的快楽説だといいます。そしてこの思想が政治運動となったのが明治一〇年代に思想界を風靡した自由民権運動だと見ており、中村敬宇が明治四年に訳したジョン・スチュアート・ミルの『自由之理』(*On Liberty*)も加藤弘之の『真政大意』(明治三年)も『国体新論』(明治八年)も天賦人権論の流行に同様に資したとみています。そして、和辻は、個人を社会より先とする天賦人権説の個人主義は単に民主主義運動に留まらずして、〝町人根性〟の蘇生運動にほかならなかったというのであり、この町人根性が支配精神となっていることこそが現代の危険性だと断じています。

和辻のこうした町人根性論には、福沢の「実学」思想における実験主義、合理主義、実証主義、あるいは、複眼的(丸山眞男氏のいう)プラグマティズムの要素や、主体的に独立した個人の独立国形成への責任の重要性の課題を内包する「一身独立して一国独立す」などの思想的課題に対する理解や関心は全く見られません。

和辻が、このようにして、「家を基盤とした生活共同態の全体性」、即ち、「くに」として把握された全体社会を重視し、それへの犠牲的没入を「人格の共同」にまで高めることの大切さを力説した、時は、まさに、満州事変から日中戦争へと移行しつつある昭和六年から一〇年代の時期でした。リベラリズムを排除して、超国家主義的全体主義のイデオロギーが、国立大学の倫理学者によって学問的衣裳をかぶって論じられていることが顕著であります。

日本思想史における大正期を、以上、二つの思想領域――教養主義、および、思想史家による平民観・町人観にフォーカスをしぼってたどってきたのですが、日本思想史における大正期が、戦後デモクラシーの内発的萌芽、ないし、土着的根を用意するものであったことが明らかになるとともに、それと相反する要素がからみあって存在してきたことをも痛感させられます。まさに相対立する要素を内包してきたといってもいいように思えます。そして、それは、大正期の問題であるだけではなく、戦後から今日にまでつながる問題でもあるのではないかと考えさせられるものであります。

2　吉野作造の民本主義

――土着的デモクラシーの根を培う

一　吉野作造とミス・ブゼル

古川市の皆様は、吉野作造のことをいろいろな形でお聞きになっているわけですから、私が喋々することはないわけですが、吉野は、中学校二年生の時代から特待生で、非常に期待されていた青年であったということが言われてますし、土井晩翠のような文学者は「吉野は将来、文学者になるといいのではないか」と期待していたというようなことも書かれています。また、彼は、第二高等学校法科に入学した頃には中学生達の自炊寮を造ったが、それが松下村塾をまねたものといわれるような人格的共同生活の場となったといわれている。そういう人柄の人だったのですね。このようなことは、私よりも、皆様の方が詳しいと思います。

吉野作造とキリスト教について、少しお話ししたいと思います。これは非常に重要なことです。

吉野作造のキリスト教を考える場合には、仙台の尚絅女学院の最初の校長、ミス・ブゼル(Annie Buzzell, 1866-1936)というアメリカのネブラスカからきた、バプテスト・ミッションの宣教師が重要です。彼はミス・ブゼルによって、キリスト教に導かれました。そのミス・ブゼルが尚絅の校長で非常に影響力を持っていたわけですが、いろいろ不幸がございまして、誤解されたり、ミッショナリーの間でも、日本人との間でも、誤解や中傷があって、尚絅にいられなくなり、寒い一二月に山深い遠野にゆくこととなったのでした。

私はこの度、古川にまいるに際して、どうしても遠野に一度行って、ミス・ブゼルの跡を少しよく調べたいと思いまして、昨日は遠野を訪ねておりました。遠野は、新花巻から電車に乗っていくわけですが、昔は寒い軽便だったそうです。今でも一時間近くかかるのですから、昔は何時間もかけて行ったと思います。古川から出た吉野がどういう人に影響されてキリスト教に入ったのか？それを知りたいと思いました。そして、それを知るうえには、ミス・ブゼルから信仰的、人格的影響を受けた人たちに会いたいと思ったのでした。

ミス・ブゼルが遠野で始めた、聖光幼稚園には、私も手紙や電話をしてお願いしていたのですが、こちらの高橋永吾様も御親切に連絡してくださっていまして、滝沢貢副園長、栗原基の教え子の菊地洋子さんらが駅まで迎えに来て下さり、大田春夫牧師(元聖光幼稚園長)もおいで下さり、いろいろの関係者にお会いして、ミス・ブゼルのお人柄や影響についてじっくり話をうかがうことができました。滝沢牧師が親切に御案内下さって、八七歳の老婦人で老人ホームに入っている方をも訪ねましたが、目の輝きをもったしっかりとした方でした。ミス・ブゼルには、「それはいけません」と本当に叱られたというんですね。そして、また、子ども一人ひとりを本当に信頼して育てようとして下さった。キリスト教を知らない親たち、あるいは、キリスト教を好まない親たちも、ミス・ブゼルに自分の子の指導をまかせれば大丈夫だという深い信頼と好意をもっていたと語っていました。また、遠野市の小原政巳市長も子供時代にあの先生に教わったことが、自分に人間としてどうあるべきかということを考えさせ、また、世界に向けて目を開かせられた、ということを熱心に話してくださいました。遠野の聖光幼稚園の入口にミス・ブゼルの胸像が立っていますが、その裏側に彼女の人と働きについて栗原基の書いた立派な小伝碑文がきざまれています。私が遠野に行きました時、この胸像は雪の中に立っていました。いろいろな人達が彼女のことをとてもよく覚えていまして、「それはいけません」と押入れの中に放り込まれたことがよくあったそうです。そして、ある子はそこで眠ってしまった、というような話もしていました。おしおきが非常にきびしかったようです。非常に大事にするけれど、いけないことはいけない、と、誰もいってくれないこと、親もいってくれないことを、ミス・ブゼルはびしっとおっしゃったというようなことをそれぞれに話し、なつかしがっていました。

吉野作造はこのミス・ブゼルによってキリスト教にみちびかれたのでした。吉野たちが二高の学生であった時、彼の外に、内ヶ崎作三郎、栗原基、島地雷夢(この人は島地默雷という本願寺の代表的な学者の長男ですが、この方がキリスト教に入信することに衝撃を受けた父默雷が悲嘆、憂慮して最後は刺しちがえるといい出すというようなこともあったということです)ら、すぐれた青年達が、第二高等学校の学生時代にミス・ブゼルのバイブル・クラスのグループに加わり、信仰的、人格的影響を受けたのでした。どんどん二高生の数が多くなって、書斎に入れないくらいになったということです。彼らは「ピュウリタン的純潔と高尚な生き方」を学んだのでした。

私は、遠野でいろんな方々に出会いながら、彼らがミス・ブゼルの何に影響を受けたのか、何によってこれらの人々が未だに「ブゼル先生、ブゼル先生」というんだろうか？　と考えました。それを知りたいと思って、いろいろの方々にインタビューといいますか、お茶を飲みながら話を伺いました。ミス・ブゼルは決して聖書を難しく理論的に説明したり、神学者が書いたことを伝えるなどというのではなく、一個のキリスト者として聖書の教えを伝え、学生たちは先生のあり方から、キリスト教の教えは、キリスト者であるということは、人間であるということはどういうことか？ということを教えられたのですね。遠野でお会いしたある老婦人は、その頃弁護士だった父は、キリスト教は信じない、お祈りとか讃美歌はいやだといいつつも、ミス・ブゼルは偉いと思っていた。そして母親を失った自分の娘の教育をミス・ブゼルに託した。何か珍しいものがあると、「これをブゼルの所へ持って行け」といったと。そういうふうに、キリスト教を知らない人たちがブゼル先

吉野作造．御殿場の避暑地にて，長男俊造，六女文子と．1922 年頃．
［提供＝吉野俊造］

生を愛し、慕った。そして、ブゼル先生のところで子供も母親も家族も温かく交わることができたということでした。ミス・ブゼルもここが神様から与えられた自分の使命の場所だと思って、真剣に働き生きたのでした。ミス・ブゼルはそういう女性でした。

吉野作造は一八九七(明治三〇)年、バイブル・スタディーに加わっていますが、二年後一八九九(明治三二)年七月四日に仙台北一番丁のバプテスト教会で中島力三郎牧師より洗礼を受けました。浸礼派ですから、水の中に放り込まれるんです。沈みそうな時さっと上げられた、などと書いてあります。

第二高等学校時代に吉野作造はこのブゼル先生に出会って、キリスト教に入信しました。一九二六(大正一五)年一一月一三日、東京神田三崎会館で、ミス・ブゼルの還暦祝賀会が催された時、吉野作造は、先生の周囲から善良なる友人を選ぶことができたこと、アイスクリームというハイカラなものをはじめて御馳走になったこと、そして、先生によってキリスト化され、人生行路の指針を得るにいたったことを述べています(栗原基『ブゼル先生伝』五三〇頁)。そして東大に入ってからは、海老名弾正の本郷教会に通います。その後、教授になってからも、ずっとその教会のメンバーです。海老名弾正というのは、その後キリスト教会の中では植村正久とのキリスト論をめぐる論争があったり、福音把握についてはいろいろ批判される面もある人ですが、植村正久もいったように非常に真摯なキリスト者でした。吉野は、海老名牧師の歴史的、社会的現実の見方にも刺戟を受けたようです。吉野は、海老名先生の説教を必ず筆記していました。海老名が主宰した雑誌『新人』の中の海老名弾正の説教の三分の二は、吉野作造が書きとめたものです。この『新人』は復刻されていますから、こちらの資料室にお買いになってはどうでしょうかと、関係者に今日もお話しいたしました。このようにして培われた吉野のキリスト教信仰、そして、キリスト教に基づく吉野の人間理解は、ひとりひとりの人間を大切にし、人間は機会さえ与えられれば無限に成長する、といった非常に明るい楽観的な人間観に立つものでした。そして、人間の成長に深い関心を持っていました。これまでの衆愚観に対して彼は、あらゆる人は、どんな人でも機会を与えられればすばらしい人間に成長する宝を内在させている、そういう人間への信頼が彼のデモクラシーの考え方の底にありました。人と人との関係は、調和をもって平和な、お互いを大切にし合う関係が作られていかなくてはならない、そういった考え方を持っておりました。吉野は、キリスト教の人間観を政治学、あるいは、社会科学の中に位置づける方法を追求しました。「社会科学における人間」「政治学における人間」あるいは「人間の学としての政治学」の確立を志向し、デモクラシーとキリスト教の関係を基本的には問うていたのでした。『新人』その他、彼の著書や論文を通して、そうした課題が追求されています。

吉野は、また、東京帝大の一木喜徳郎、小野塚喜平次ら、この大学の政治学分野の中でも良心的でデモクラティックな思想を持った学者達に非常に傾倒し、その影響を受けました。自律的な人間が社会関係に正義を確立してゆくという道徳的な、モラルの課題が、実は、デモクラシーの課題だというようにとらえられていました。

彼が青年時代から大学の教授時代に至るまでキリスト教の影響を受けたということは、彼の人間形成にとって、また、学問的いとなみにおいて重要な意味をもったと思います。これは後でもう少し詳しく触れたいと思いますが、彼は、中国の革命に非常に深い関心を持っていました。彼は、袁世凱の長男の家庭教師として中国に渡り、一九〇〇(明治三三)年から三年間滞在しました。これは辛亥革命以前の古い中国です。その中国を身をもって経験しているわけです。袁世凱の家に第一夫人、第二夫人と奥さんが何人もいるので彼はびっくりしたりしています。その中国に孫文らによる辛亥革命が起こる意味もよく理解しえたと思います。また、彼は、ヨーロッパ、アメリカにも留学し、西洋社会を知っている。

上述のような東京帝大の政治学の学者たちより人間尊重思想をもって政治学と取り組む姿勢、問題意識を学んでいる。海老名弾正からもキリスト教と社会関係というような問題を考えさせられる。中国を知る、そして、また、ヨーロッパをも。そういう意味で彼の人間形成、思想形成には、いまあげたような重要な要素が織りなされていて、彼がやがてデモクラシーの思想としての「民本主義」を提唱していくうえの準備がなされて行ったのだといえると思います。彼は、もともと温和なタイプの人ですが、同時にキリスト教が骨になって政治学を専攻し、社会関係を考えていく。そういう人が形成された。そういうことが吉野という人についての重要な点ではないかと思います。

二　吉野作造の民本主義の構造

次に、吉野作造の民本主義の特色、その構造を私なりにどうとらえているかについて、申し上げたいと思います。彼は、デモクラシーといわないで民本主義と表現しました。この民本主義という言葉、これは「民はこれ国の本《もと》なり、本固ければ国やすし」という、中国の古いいいつたえにもとづくもので、民衆は国の本である、本がしっかりしていれば国は平安だという意味です。民本主義という言葉はここから出ているわけですね。

デモクラシーを日本語に訳した場合、「民主主義」と「民本主義」とがある。「民本主義」は吉野作造がつくった言葉だ、という人があります。しかし、そうではないのですね。吉野作造は「民本主義鼓吹時代の回顧」(『社会科学』一九二八年)という文章の中に「この言葉は私の作ったものでないことだけは、一言これを明白にして置きたい」と書いています。「民主主義と卒直に言っては、その筋の忌諱に触れる恐れがある。これを避けて斯んな曖昧な文字を使ったのかと非難されたことも稀ではない」。また、自分は、民本主義がそんなにいい言葉とも思わなかった。しかし、ヨーロッパ、アメリカから日本に帰って来た時に、民本主義が当時、日本で既に多くの人に使われていた。なかなか便利な言葉だと思ったといっています。茅原華山が民本主義の文字は自分が作ったのだといったことがあるとも吉野は書いています。当時は薩長の藩閥政府が政権を握っており、一九一〇(明治四三)年には、幸徳秋水ら一二人が処刑された。吉野が民本主義を唱えたのはその直後という時代だった。大逆事件の直後で民主主義とか社会主義とかにとっては、まさに、冬の時代だったわけですね。

それでは、吉野の定義をみてみましょう。吉野は民主主義とは、国家の主権は法理上人民にあるということ、つまり、主権は、人民にある、これが民主主義だといいます。次に民本主義とは、国家の活動の基本的目標は、政治上、人民にある、ということだといいます。君主国である日本、明治憲法下の日本では、天皇が大権を持っていることになっているわけだから、民本主義が便利な用語だと考えたわけですね。

吉野の民本主義は、一九一六(大正五)年一月『中央公論』に書いた論文、「憲政の本義を説いてその有終の美を済すの途を論ず」に代表的に論じられていますが、この民本主義論の中では、主権が誰にあるかということには触れていません。人民に主権があるというと明治憲法に反するというわけで、すぐに弾圧を招く。吉野はそれに触れないで、政治の目的は人民の福祉のためだといい、政策の決定は人民による、一般民衆の世論に基づいて決定するというわけです。リンカーンの“of the people, by the people, for the people”即ち、「人民の、人民による、人民のための」の概念をつかって考えてみますと、「人民の」、つまり、主権に関する“of the people”にはふれず、それを棚上げにしているわけですね。主権問題には触れないで、“for the people”即ち、「人々のため」、「人々の福祉のため」という政治の目的を明確にし、更に、その政治目的を誰が決定するか？　それは、“by the people”即ち人々によって、つまり、人民が自分達で主体的に決定するということ、いいかえれば、国会が決定することだといっている。このように民本主義が主権問題を棚上げにしていることを、マルクス主義者の山川均は「デモクラシーの煩悶」(『新日本』一九一八年四月号)として、つまり、民本主義のあいまいさ、として攻撃しました。山川均ら社会主義者達は大逆事件直後のきびしい政治状況の中で、藩閥政府を批判しないで、民本主義を唱える吉野を批判しながら台頭する道をとったわけです。「吉野はあいまいだ」と吉野をたたきながら山川均達は出て来た。明治憲法下のむずかしい状況の中でデモクラシーのためにたたかう吉野の民本主義を烈しく攻撃したのはマルクス主義者でした。

もうひとつ、後からふれますが、ファシズムの問題があります。吉野を批判しつつ民主主義を主張した山川均ら社会主義者は弾圧され、やがて、共産党員の大量検挙に展開してゆくわけです。吉野は一見あいまいなようであって、明治憲法の枠内で最大限、民主主義を確保しようと、一歩前進を追求していく実践的方法を選んでいたのでした。国民の発言力、国会の力を強めて、民主化の道を徐々にきり拓きながら進もうとしたのでした。

人民の政策決定権を強めていかなければいけない。それをどう実現するか、という課題を吉野はプラグマティカルに模索している。そういう点、理論があいまいなように見えていて、実は民主主義の進歩のためには、実践的な役割を果たしたと思います。原理的に正しいことを、時と状況を考えずに主張していて、かえって、当局の弾圧を招き、日本の民主化運動にとってマイナスの働きを結果的にもち来らせる運動があります。最近では一九六〇年代末から一九七〇年代の日本に見られたラディカルな全共闘などは、直接参加の民主主義を唱えつつ、実は警察力を強め、大学のキャンパスにまで、警察が入ってくることが日常化する状況を結果的には作りました。そういう観点から考えますと、吉野はあいまいなように見えながら、実は日本のような国土の中で、普遍的な原理としての民主主義をどう実現していくかに深い洞察を持って、実践活動をリードしたと思います。人民による、人民のための政治としてデモクラシーの一歩前進のためには、すべての国民が選挙権を持たねばならないとして、普通選挙運動を推進しました。あの頃は税金を多く払っている金持ちの人しか選挙権を持たず、多くの貧しい国民は選挙権がなかったからです。

　普通選挙とは英語では universal suffrage と表現されますように、万人が選挙権を持つことを意味します。しかし、吉野の提唱した普通選挙には女性は含まれていませんでした。普選運動ですが、婦選は残念ながらまだ主張されておらず、後日、女性の参政権のための運動は久布白落実や市川房枝達が婦人参政権獲得運動として始めてからです。そういうことを考えますと、女性の権利という問題では、吉野は多少おくれていたといえるかもしれない。しかし、いずれにせよ、吉野作造達の普選運動の結果、一九二五年に初めて、普通選挙法が公布されたわけです。しかし、それは、治安維持法と抱き合わせでの公布でした。しかしながら、それまで、お金がなくて、多額の税金を払うことのできなかった人々に選挙権はなかったわけですから、これは、人民による政治の決定ということを、現実化していくための吉野の重要な働きだったと思います。

さらに、吉野は、統帥権と枢密院の批判をやっています。「帷幄上奏論」(一九二二年)は内閣を通すことなしに軍閥が天皇に直接つながっていて、軍部の思うままに戦争や軍備拡充もできる統帥権の批判。つまり、天皇は統帥権の頂点にあり、軍が天皇に直結していて、内閣を通さなくても軍事は全部決定できる、そういう制度の批判をやっています。もう一つ、「枢府と内閣」(一九二四年)では、枢密院がまるで二重政府を形成していて、内閣の意見よりは、枢密院の意見で物事が決定されていく。これは非立憲的な制度だと批判しています。これらはすべて、日本にデモクラシーの原則が貫徹する政治制度をつくっていく上の障害だと考え、その非を指摘し、その問題を訴えたのでした。吉野の民本主義は、明治憲法の枠内でということですから、すぐに憲法否定というように飛躍せず、着実に、具体的に、日本の政治のしくみと問題を指摘しながら、民主化をはかっていこうとしていることが顕著です。また、彼の弟子たちがつくった新人会、即ち、東大の法学部の学生達がつくった「新人会」、卒業生やインテリ達のデモクラシー運動としての黎明会等も、吉野の影響のもとに形成され、デモクラシー運動を広く展開させていきました。

三　新人会——赤松克麿のゆくえ

新人会には宮崎龍介(滔天の息子)とか赤松克麿とか、民主主義的な学生達が多くいまして、一九一八(大正七)年、吉野が、南明倶楽部で開かれた浪人会(右翼)との立会演説会における対決をした時も、これら学生たちは、吉野を応援して大勢で出かけ、吉野先生を守り、吉野の民本主義が右翼の主張を制圧したということもいい伝えられることです。

古川では「吉野作造は危険な思想家だ」という考えを持つ人たちがあって、一度も「吉野先生を考える会」にお出にならないという人もあるとうかがったことがあります。どういう理由で吉野作造がこの故郷の土地で危険視されているのかを考えてみる必要があると思います。彼はラディカリズムを排する温和な人柄の人であり、民本主義も上述のように、理論的透徹さを重視する観点からは、何となくはがゆく、一見、あいまいとも思える思想です。古川の地で吉野が危険視される一つの理由として私が推測しますのは、新人会と関係があるのではないかということです。こちらの図書館や資料館に記念にかかげられたいろいろの写真の中に、新人会の主要メンバーの一人であった赤松克麿の選挙運動の応援に来たときの吉野の写真があるのを見つけたことによります。これは、私の一つの推測なのですが。私は、教師の人柄や思想をその弟子から推測することは間違っていることが多いと常々考えています。学生というものは先生の一部しか知らないことが多いですね。

赤松克麿のことに少し触れたいと思います。赤松克麿は秀れた学生で新人会の指導的人物であり、吉野の思想的継承者と目されていました。また、吉野の次女明子と結婚、吉野から信頼されていた学徒でした。この土地で吉野が何故危険視されるかということの一つの例になるかと思いますので、赤松の思想の軌跡を短くたどってみたいと思います。赤松克麿は、与謝野晶子の夫の鉄幹の甥で、文才があって詩も作る魅力ある文学青年でした。デモクラシー運動を熱心にやっている頃にはなかなかみどころがあると、吉野も思ったのかもしれません。吉野は人がよく楽観的な人間観の持主でしたから、鋭く人間の特質を見抜くということができなかったのかもしれません。新人会が盛んな時代は赤松は非常に活発でした。『デモクラシイ』(一九一九年三月発刊)という雑誌の編集もしていました。ところがその後、日本でマルキシズムが起こってきて、民本主義なんてものは、非常にあいまいだ、と批判される。そうすると、デモクラシー運動にあき足りなさを感じて、デモクラシーから真っ先に去ってゆくのが赤松克麿でした。

赤松克麿はカメレオン的転向者という人もあります。「転向」というのは、一つの思想を標榜しているのですが、状況が変わると別の思想に変わることをいいます。赤松は変節的に思想を変えていった転向者というわけです。高畠素之という人は赤松のことを、「一〇年たらずの間に世界を一周したようなカメレオン的日和見振り」といっています。私は赤松の思想をすこし調べたことがありますが、一九二二年には、彼は新人会からマルキシズムに移り、第一次共産党を非合法に結成する中心になってゆきます。ところが一九二三年、共産党員の大検挙があると、彼は共産党の解党を主張し、離脱します。そして社会民衆党を結成します。そこでも主導的役割を果たす。そして、次に満州事変が一九三一年に起こりますと、社会民衆党を脱党して、国家社会主義者になり、大川周明とともにファシズムへの道を歩み始めます。大川周明を盟主とする、日本社会主義研究所に参加、国家社会主義の理論と宣伝のための雑誌『日本社会主義』を発刊します。

次に一九三二(昭和七)年になりますと、日本国家社会党を結成。翌年にはそれをもう脱党して、津久井龍雄という右翼の思想家とともに国民協会を設立しています。一九三七(昭和一二)年、日中戦争が起こると、日本革新党を作ります。「皇道を基調とする世界政策」というようなスローガンをかかげて。さらに、一九四〇(昭和一五)年になって、大政翼賛会ができますと、それの企画部長になっています。驚くばかりの変わりよう、転向ぶりです。学生として、デモクラシー運動を中心的に推進していた新人会の中心人物が、デモクラシーを捨てて、マルクス主義が盛んになればマルクス主義に、ファシズムが盛んになればファシズムへ、しまいには、大政翼賛会の企画部長となって天皇制ファシズムの旗ふりになってゆく。勿論、新人会のメンバーがすべて赤松のような転向者だったわけではありませんが、学生運動のラディカリズムの頼りなさを赤松は極端な形で示す一例だといえましょう。あっという間に世界一周するみたいな転向者といわれるゆえんが明らかです。

そういう弟子が選挙に出る時、吉野は、東京帝大法学部での愛弟子であり、デモクラシー運動を推進した学生集団「新人会」の指導者だった人物であり、また、個人的には、自分の娘の夫ですから、応援に古川まできている。そういうことで、吉野のことはあんな人の先生なのか、という具合にいわれたこともあったのではないのでしょうか？　古川で吉野が危険人物視されてきたことの一因がこんなところにもあったかもしれないなどと考えさせられる次第です。

いずれにしましても、弟子から教師を評価することは間違いだと思います。例えば新渡戸稲造のお弟子を考えてみましても、ピンからキリまでといいましょうか、いろいろおられて、「私こそあの先生の弟子だ」と思いがけないような思想の持主が、いわゆる新渡戸の弟子と自称していることがあります。新渡戸先生は寛容な方で、みんなを包んでゆく教師でしたが、先生の本当の真髄なるものをつかんでいる人とそうでない人とがいます。新渡戸稲造の場合も、弟子から教師を評価すると、誤りをおかしやすいのではないかということを考えさせられる一例です。

四　吉野作造の天皇観

次に、吉野作造の天皇観の特質について考えてみたいと思います。吉野は天皇制をどういうふうに考えていたか。明治の末年から大正期にかけて、美濃部達吉のいわゆる天皇機関説をめぐる上杉慎吉との論争があります。美濃部が自己の憲法論を〝天皇機関説〟と呼んだわけではないが、そう通称されたわけです。美濃部と吉野の二人の天皇観には共通するものがあるように思います。別に美濃部は天皇観を論じたわけではありませんが、美濃部達吉と吉野作造は共通に、明治憲法の枠内での民主主義を考えています。

美濃部は国家法人説に立って明治憲法の解釈をしています。国家は一個の法人であり、天皇はその一つの機関(最高の)である。統治権は法人である国家が持っているとする国家主権説に立つ。従って天皇は憲法の制限をうけているという考えで、制限君主説ですね。また、天皇の詔勅は内閣が政策を人民に知らせるために用意するものだから自由に批判してよいという、詔勅批判の自由も説いています。

吉野作造は、上述のように、主権の所在を問わず、棚上げにして、人民による人民のための政治ということをいっているわけです。この二人が共通して大正デモクラシーの骨組を与えたのであり、これは戦後の新憲法の背景になったと私は思います。

吉野の民本主義と美濃部達吉のいわゆる天皇機関説とは、伊藤博文の明治憲法の二重の解釈のうち、密教的にかくされていた制限君主的な考え方を表層に持ち出し、制限君主的な天皇観を正統の座にひき上げたといってもいいと思います。温和な説き方で日本における民主主義を実践的に一歩前進させるアプローチをとった。明治憲法下という特殊的な条件の下にあって普遍的原理を実現してゆく方法、歴史変革の一つの実践的方法を模索し、実行したものといっていいように思います。

五　中国観、アジア観の特質

次に吉野の中国観、アジア観について考えてみたいと思います。さきにふれたように、吉野は一九〇六―一九〇九年の三年間、袁世凱の長男の家庭教師として中国ですごしています。彼は中国社会を実際に経験しています。一九一五（大正四）年には、頭山満、寺尾亨ら、孫文支持者から「中国革命史」を書いてくれと依頼されます。中国革命史をどう書こうかと彼が考えている時に、紹介されたのが孫文の秘書で、後に国民党の重要人物になる戴季陶（戴天仇）でした。

ちょっと余談になりますが、戴季陶の書いた『日本論』については、私は故竹内好さんから教えていただきました。これは、日本が中国に対してさそりのように、二つのハサミで北から中国をおそい、しっぽで南から毒を刺す、日本のさそり型の中国政策を批判した、非常に鋭い、そして、すぐれた日本論です。戴季陶、殷汝耕らと交わり、吉野は中国革命の理解を深めることができました。戴季陶のすすめで宮崎滔天の『三十三年之夢』を読み、大いに啓発され、吉野作造は孫文の中国革命の真精神を知りえたといっています。満州族におさめられていた中国において漢民族が独立していかなければいけないという中国革命の意味が本当によくわかる人になっていったのでした。このようにして中国革命への共感をもって『中国革命小史』（一九一七年）を書きました。

孫文の三民主義は、民族主義、民権主義、民生主義を意味していますが、孫文の革命の理念は、この三民主義に表されているわけです。民族主義というのは漢民族の独立、ナショナリズムです。民権主義はデモクラシー。民生主義は経済的、社会的平等、すなわち、経済的な社会正義という意味を含む民生主義です。農民が圧倒的に多い中国では伝統的に均田、土地の平等な所有が重要な関心事でしたから、毛沢東が成功したのは土地制度の改革を唱えたからだといわれています。

吉野は、孫文のかかげた、この三民主義が中国革命の意義だと見ており、それは日本における大正デモクラシー、即ち、民本主義の理念と共通するものを彼は見ているわけです。中国は民主化されなければいけない。独立国でなければいけない。そして、社会的に貧乏人と金持ちとの不平等があってはいけない。この三つの理念を以て中国革命を進めようとする孫文の三民主義、中国革命に深い共感をもったのでした。今日、アジアへの関心は深くなっていますが、戦前の日本で、その人の思想の質をはかるリトマス試験紙は、アジア観だといわれましたが、吉野は早くより中国、朝鮮などアジアの平和と民主化への関心をもっていました。

ところで、中国革命観について、北一輝と吉野作造を比較することは、興味深いと思います。吉野の『中国革命小史』『第三革命後の中国』(一九二一年)は、孫文を支持する立場で書いています。それに対して北一輝の『支那革命外史』(一九一五年)は、愛国主義、民族主義を唱える革命家、宋教仁の思想に中国革命思想の本質を見るといい、愛国運動、ナショナリズムは民主主義より重要だと北は書いています。ついでながら宋教仁は第二革命後、孫文と衝突し、孫文一派を除外して第三革命を試みた人です。一九一三年には暗殺されましたが。

孫文はハワイに兄が移住していましたから、ハワイにゆき、そこで、大学教育も受けています。英語も上手でした。そして、博愛主義を重視しました。北一輝は英語の上手な奴は嫌いだということで、孫文の三民主義、博愛主義を非常に嫌いました。私は、吉野と北のあの時代の中国革命への対応のちがいをおもしろいと思うとともに、重要だと思います。吉野はあくまでも、日本は侵略主義に立ってアジアに対してはいけない、中国が孫文のもとに三民主義をもって革命しようとしているのを助けなければいけないと考えていました。北京の五・四運動(一九一九年)とよばれた学生運動に対しても、吉野は同情的でした。

朝鮮においては一九一九年三月一日に「三・一運動」という独立運動が起こりました。この三・一運動に刺激されて同じ年の五月四日に北京では北京大学の学生達を中心とする五・四運動――日本が中国におしつけた二一箇条に反対し、日本の侵略主義に対する抗日運動――が起こったのでした。朝鮮の「三・一運動」と中国の「五・四運動」との関係は見落とされがちですが、私は非常に重要な関係があったと思っております。五・四運動が起こると、日本では中国蔑視感情が高まりましたが、その時、吉野は「北京学生団体の行動を漫罵する勿れ」という社説を『中央公論』に書いています。中国を民主化していこうとする孫文たちを日本は支持しなければいけない。侵略主義に立つか、民主主義的・平和主義的な立場に立つか、これは日本の中国(そして、アジア諸国)に対する姿勢として基本的に重要だと思います。

吉野の朝鮮観につきましては、吉野は、大学卒業直後、本郷教会で朝鮮問題研究会を島田三郎や小山東助らと始めています。一九一七年頃から独立の志を持つ朝鮮の青年達とだんだんに交わるようになってきて、吉野は、朝鮮・中国の学生達の世話をしています。日・朝・中、三国の学生懇談会も主宰しました。具体的にこれらの青年達の世話をよくしています。そういう人達の間で、吉野に対する尊敬は高かったと思います。

吉野は、満州、韓国を訪ねており、『中央公論』(一九一六年六月)に「満韓を視察して」という論文も書いています。また、一九一四(大正三)年、日本の組合教会が朝鮮伝道を計画した時、植民地の同化政策に乗った伝道を批判し、柏木義円や湯浅次郎と共に反対しています。

朝鮮人を差別することにつき、吉野は、日本人はアメリカにおける排日的移民拒否政策に憤慨する。それならば、自分達も隣国の青年達を差別してはいけない。アメリカ人の排日問題をも、日本人の朝鮮人差別問題をも、一つの普遍的原理、一つの基準で考え、行動すべきだといっています。吉野は、そういう姿勢が一貫していた人でした。

六　明治文化研究について

最後に、明治文化研究についてふれておきたいと思います。大正時代にデモクラシーを考える時、すぐ前の明治期を本当によく理解しなければ、大正の現実が本当にはよくわからないし、また、これから新しい未来に向かってどう道をきりひらいて行くべきかわからない、ということで、明治文化研究会が一九二五(大正一四)年にはじめられました。そして、一九二九(昭和四)年に『明治文化全集』二四巻(日本評論社)が完結しています。これは非常に重要な、すぐれた研究で、私は、大学での日本思想史のクラスなどで、学生達に明治期の自由民権篇、政治篇、社会篇等をはじめとして、雑誌、風俗に至るいろいろな問題をめぐって、『明治文化全集』を読ませるようにしてきました。早稲田大学におられた故木村毅さんは、若い頃から吉野のもとで明治文化研究会の手伝いをし、そこで育てられた方です。生前よくお話をうかがいました。

そこで、一つご紹介したいのは、『新旧時代』(大正一五年九月)に吉野が書いた「自由民権時代の主権論」という文章についてです。その中に自由民権時代の人達の考え方を紹介しているのが非常におもしろいです。この文章の中で、吉野は、嚶鳴社の討論会の記録「君主ニ特赦権ヲ与フルノ可否」(賛否両論)を紹介しています。嚶鳴社は、沼間守一、島田三郎、肥塚龍たちの政治結社で一八八二年には立憲改進党を結成した人たちのグループで、特にラディカルな立場の人達ではありません。吉野は、この人達が論じあっているものを読んでみると、君主に特赦権をどのくらい与えるのが適当かを盛んに論じていて、君主に特赦権を与えるのは当然、自分たち人民の権内にあると考えている。大正一五年の現在では、いっさいの権力の源は君主にあるのであって、君主が憲法を以て我々に国民の権利をも与えてくださるのだというような考え方が支配的だといい、彼は、このように、明治前期の思想の自由さを紹介しながら、間接的に大正期の現実を批判しています。

〔附記〕　なお、『吉野作造選集』が岩波書店より出版されつつあります。

3　伝統的価値の革新と戦後デモクラシー
――新渡戸稲造の教育思想

一　「近代化」について

新渡戸稲造(一八六二―一九三三)と明治期の教育という問題を考えるにあたって、まず最初に、幕藩体制の伝統主義を脱し、近代国家の形成、その近代化を担う国民像、人間像は、どういう課題を負わせられていたのだろうかということを、考えておきたいと思います。

いま「近代化を担う人間像」という用語を使ってみましたが、そうすると、一体近代化とは何かという質問がでてきます。「近代化」というターミノロジー、あるいは概念が、われわれが今、近代日本の形成過程を考えていく場合に、適当な概念であるかどうかについては、いろいろ問題があるでしょう。そういう問題のある「近代化」という言葉を使わないで、このような考え方、内容を表現できる別の言葉があればいいかもしれない。しかし今のところ、そういった適当な言葉も見当らないので、この表現が適当であるかどうかということは、しばらく括弧に入れておいて、一応「近代化」という一般的表現を用いておきます。

それでは、その「近代化」とはどういうことを意味するのか。近代日本の形成という場合、つまり日本におけるモダニゼーションとか、モダナイズするプロセスを考える場合、「近代化」という言葉にどういう意味を託しているのかを、はじめに確認しておきたいと思います。

いろいろな定義が可能だと思いますが、一例をあげるとアイゼンシュタットというイスラエルのエルサレム大学の教授は、次のようにいっています。「近代化というのは一七世紀から一九世紀にかけて、西ヨーロッパや北米に発達し、一九世紀から二〇世紀にかけて、南米、アジア、あるいはアフリカ諸国に展開してきたところの特定のタイプの社会的、経済的、政治的諸制度の方向へと向かう変化のプロセスである」。「近代化」とは、Process of change、つまりあるタイプの変化の仕方、そのプロセスを意味しているというわけです。今、アイゼンシュタットの定義を紹介しましたが、私は例を日本人にもアメリカ人にもとらずに、むしろ意識的に第三の地域の学者の表現をとってみたわけです。しかしこれだけでは非常にあいまいであるといわなければならない。もう少し、「近代化」の定義をせばめて、焦点をしぼって考えてみたい。

二つのとらえ方があると思います。一つは、技術革命、物質的な条件の変化、つまり物の変化から「近代化」を考えるとらえ方です。たとえば、産業革命によって、機械と技術が導入される。そういうことから社会が変わってくる。現在ならば、たとえばコンピューターが導入され、さらに、マルティメディアの方法がコミュニケーション産業、市民の生活形態さえも変えてゆきます。あるいは原子力のエネルギーとしての利用が高まる。そういう技術や科学の発達によって、社会関係、社会全体が変わってくるというとらえ方です。

第二のとらえ方は、エートスの変化、価値意識の変化、つまり人間の意識の変化から、社会関係が変わってくるという考え方です。この場合の一つの例をあげるならば、明治期に、福沢諭吉が一つの文明観、歴史意識をもった人間としてでてくる。つまり人間が歴史にかかわっていくことによって、静止したスタティックな社会から動的なダイナミックな社会へ変化が行なわれる。そういう開かれた意識、変化に積極的、主体的に立ち向かおうとする姿勢、あるいは歴史意識は、価値意識の変化から近代化の問題を考えようとする一つのアプローチと見られるでしょう。

「近代化」を価値意識の変化から見る典型的な例は、マックス・ヴェーバーの『プロテスタンティズムの倫理と資本主義の精神』に示された見方です。カルヴィニズムによって形成されたプロテスタントのエートスのもつ新しい価値意識、ピューリタン的な価値意識によって、経済関係が新しく変革されていく。その結果、伝統主義的な価値観、および、社会関係が克服されていく。ヴェーバーのいい方によれば、伝統主義から合理主義への変化ですね。伝統主義というのは、今まで一つのコミュニティの中で、伝統的に考えられ、その中だけで通用し、そこのメンバーたちによって守られてきたような習慣、特殊的、閉鎖的なものの考え方のことです。このような特殊主義的、閉鎖的な価値観を脱却し、そのコミュニティ外のすべての人々にも通用する普遍主義的な価値観にたち、全生活領域を合理化していく。この場合、合理主義というのは、いわゆる合理主義ではなく、目的と方法に関する合理性です。そうしたプロテスタンティズムが提起する一つの新しい目的にむかって、全存在を再組織(re-organize)する。その場合、合理化とは、自然的、物的環境の合理的統御としての合理化(工業主義に見られるように機械や技術による合理主義)と社会的環境の統御としての社会関係の合理化、即ち、官僚制度や、法制度、社会制度などにおける合理化との両方があるでしょう。自然環境を対象とする合理化と社会関係の合理化の両面を含めた合理主義によって、人間の労働意欲や生産関係が次第に変えられていく。そこから近代の新しい経済関係が生まれてくると考えるわけです。

ヴェーバーの場合は、プロテスタントのエートスに基づく経済関係における近代化の変化をとりあげていますが、『聖徒の革命』(*Revolution of the Saints*)という著書を公にしたハーバード大学の政治思想史の教授マイケル・ワルザー(Michael Walzer)などは、プロテスタントのエートスによる近代政治の生誕の問題をとりあげています。新しいエートスが政治の質と構造を全く新しいものに変革する力となったことを指摘する非常に興味ぶかい研究です。

以上のように、ある国に発達した機械や技術を導入すると、それによって近代的な都市化、あるいは産業革命が起こる。そして、そういう物的なものから変化が起こることを「近代化」だとする考え方が一方にあり、他方では、エートスから、人間の価値観の根底から人間が変わり、歴史の中での働き方、行動様式が変わってくることによって、社会関係が変わってくるという「近代化」のとらえ方もあります。ある学者は、カルヴィニズムは、「近代化」にとっての精神的なウィルスだといっています。風邪のウィルスが身体に働きかけて、風邪の症状を起こすように、カルヴィニズムが価値観を変えるウィルス、精神に働きかけるウィルスとして人間の価値意識に入って、その価値観に基づいた変化(人間関係、社会関係の変化を含めて)をひき起こす。人間の精神が新しく変革されるということから、行動様式が変わる。私は、「近代化」という場合には、後者の方がより本質的な「近代化」であると思います。

つまり、アイゼンシュタットがいっているような意味での「近代化」、一七世紀から一九世紀にかけて、西ヨーロッパや北米で起こってきたような社会的、経済的、政治的諸制度の変化の過程は、人間の内面における変化が、新しい社会の合理化、社会環境の合理化をもたらし、そのような新しい制度をひきだしてきたことになる。ところが、それがいわゆる未開発地域(under-developed area)とか、発展途上国(developing area)とよばれるような諸地域にその方法、結果がもち込まれることによって、一見、同じような変化が起こってくる。そしてその場合、伝統的な価値観にかかわることなく、方法だけが入ってくる場合があります。

明治維新以来の近代化の方法、近代日本の形成の方法にも、そのような形が見られます。当時「和魂洋才」といわれましたが、これは日本の魂で西洋の才——技術・知識——を用いるということでした。あるいは「東洋道徳、西洋芸術」という場合、「東洋道徳」とは、東洋の伝統的な価値観のことであり、「西洋芸術」とは西洋のアート、いわゆる絵とか音楽とかいう意味ではなくて、技術とかテクノロジーとかいう意味でのアートをとり入れるという態度です。このように、内面的価値観は変わらないで、方法だけを外から導入するというわけです。近代日本形成期の明治政府にとっても、民間においても、これらの言葉が非常にポピュラーであり、それがあらわすような態度・姿勢が彼らの間で支配的であったといえます。

これから、私がここでとりあげていこうとする「近代化」の課題は、右のような和魂洋才的アプローチにおける変化ではなく、日本の伝統的エートス(価値観)を内側から変革することによって、近代化を推進することを意味するような変化を課題としていることを、ここで明らかにしておきたいと思います。すなわち意識の変革、人間観の変革が、社会観、歴史観の変革を底からゆすぶり起こし、新しい社会形成をめざす変化の推進力となるというような変化です。そういう変化、あるいは、変化のプロセスを問題にしたい。どこか外から導入した技術によって社会に変化が起こるのではなくて、変化の担い手としての人間が、どのようにして形成されるかが問われるべきであり、それがまさに近代日本における人間形成の課題、近代日本の形成を担う国民像における課題だといえると思います。

ここで附言しておきたいと思うことは、近年、たとえばアメリカの思想界においては、「近代化」は不評判だということです。それは、アメリカ式物質文明、技術文明による近代化を第三世界、発展途上国におしつけているのではないかという反省にもとづいている面もあるようです。また、アメリカをはじめ、西洋先進国、日本などがおし進めてきた近代技術文明が多様な公害をもち来らし、地球環境の破壊(たとえばフロンガスによるオゾン層の破壊など)を結果すること、第三世界における開発が森林破壊などを招き、地球全体としての生態系が危機的状況に立ち至りつつあること等への警戒に基づいていると思われます。それは、非常に重要な問題であることはいうまでもないのですが、先進国は近代化による生活条件の向上の恩恵に浴していながら、近代化・発展を熱心に追求しているアジア諸国などには貧しい未開のままであることの〝美しさ〟を強要するわけにはゆかない。地球環境、その生態系とバランスのとれた、公害の少ない発展＝生活条件の改善の方法は先進国も発展途上国も共に問われている重要課題であることはいうまでもありません。

ただ「近代化」には、さきにもふれたように、エートスの変化にかかわる第二の要素が、伝統の中の普遍主義的価値観につながる要素の発掘、発展を含めて、人間観、社会観、歴史観などにおける民主化、ヒューマニゼーションなどが重要な課題です。近隣諸国への侵略戦争への反省も持たず、「金権政治」や「官官接待」などがまかり通る日本社会の現実を考えてみましても、人間の尊厳、公正な社会正義の守られる社会関係への道はまだ遥けしの観さえあります。

二　明治期日本の求めた国民像

それでは、以上述べたことを前提として、明治期日本の求めた国民像はどのようなものであったかを考えてみたいと思います。それはむしろ近代日本の形成を担う国民像といった方が適当でしょう。近代日本の国民像には、天皇制国家の形成を担う人間像と、自由主義的、人格主義的な人間形成の教育思想との、二つの系譜が見られると思います。

まず第一に、天皇制国家の形成を担う人間像について考えてみたいと思います。この点については、ここでは要点だけをまとめておきます。一言でいえば、それは天皇の臣民として、富国強兵の国家形成を担う人間です。天皇制国家というのは一つの有機体だといわれていました。天皇は頭であり、国民は四肢百態、手足であって頭の意のままに動く一つの有機体のようなものだと考えられました。天皇制国家観の構造は、その性格づけをこのような有機体論(社会有機体論)によって説明することができます。それはその頃入ってきたダーウィニズムの社会関係への適用としての社会ダーウィニズムが理論的根拠として用いられたのでした。

もう一つの説明は、日本の家族主義的国家観、英語でいうと family-state-ideology でなされました。家族主義的国家観は、個々の家族の総合としての総合家族主義によって性格づけ、まず親に対する孝を教え、孝を媒介にして、天皇への忠、loyalty を教える。しかし天皇への loyalty が孝を媒介にして教えられて、それが確立された後には、天皇への loyalty は孝に優先する。したがって、もし忠と孝、即ち、天皇への忠誠と家族への孝というコミットメントが矛盾する場合には、必ず孝の方を捨てよということになりました。原理的には孝を媒介にして忠を教えるわけですが、忠はすでに孝に優先する。そういう意味で家族主義的な国家観は、家族という関係を基盤にして、国全体を一つの大きな家族だと考え、個々の家族を捨てても国家へ、国家の元首としての天皇への滅私奉公の献身を、一人ひとりの国民に要求するものでした。

ところで社会有機体論と家族主義との両方において、その共同体の頂点、長となる者が政治的および宗教的権威を代表する。そして構成員はそれに絶対的に服従し、頭の意志のままに動く。それが第一の要素です。第二の要素は、近代統一国家としての天皇制国家の形成を担う人間像には、天皇を頂点とした富国強兵の国家形成を達成するための有用な能力をそなえていることが要求される点です。つまり、そうした目的を達成するのに必要な合理性、あるいは科学的知識が必要とされる。この意味で近代日本の国民教育は、合理主義とか科学を非常に重要視してきました。しかしそれは天皇制をつきぬけていく合理性ではない。それは常に天皇制国家の目的達成のために有用な限りでの、それと矛盾しない限りでの合理性でした。富国強兵の国家をつくるのは、誰かの命令によってそうするというだけでは力をもたない。むしろ自ら献身して積極的につくす活力となって、帝国主義国家の形成と前進を担っていく人間でなければならない。そのような意味で進取の気性に富んだ人間というようなことが、明治の三〇年代にしきりに口にされるようになり、そういった人間像が求められていたのでした。しかしどんなに奨励されても、その合理性が天皇制と矛盾する場合には、合理性の方が捨てられる。天皇制に飼いならされ、くつわをはめられた合理主義、ともいえるでしょう。

一九一九年にアメリカのプラグマティストで教育学者であるジョン・デューイが日本に来たとき、日本の天皇制教育があまりに精巧に出来上がっているのに驚いています。そして、この天皇制がある限り、日本には本当の合理主義、あるいはデモクラシーは育たないと、彼は書いています。この点については、いろいろな意見があると思います。天皇制教育のことがテーマではありませんのでこれ以上立ち入りませんが、ともかくそういう第一の系譜が、近代日本の国民教育、近代日本の形成を担う国民像に見られます。これは近代日本国家にとってのオーソドックスな系譜だといっていいでしょう。

第二の系譜は、人格主義的、自由主義的な教育思想の系譜です。その系譜には福沢諭吉のような在野的な「自主」「自由」「独立」「自尊」の人間像の確立を追求した教育思想も入れて考えられるでしょう。彼はいくら要請されても政府当局には雇われず、私学魂《だましい》というものをもって、政治から独立した国民教育を考えました。もちろん福沢自身、明治政府のお師匠様ともいわれ、富国強兵の国家形成にも熱心で、どこまで明治政府の考えと異なっていたかというような問題が出る面もあるかと思いますが、彼は明治初期の啓蒙主義の時代における自由主義的精神を代表する人物であり、政治から独立した、自主・自由・独立・自尊の主体的な人間形成を主唱したことは、彼の『文明論之概略』や『学問のすゝめ』を見ても明らかです。しかし、臣民教育思想と対照的な人格的主体としての人間形成を熱心に唱え実践したのは、キリスト者たちでした。明治期に生誕した日本の初代プロテスタントたちは教育に深い関心をもっていました。明治期に非常に多くのキリスト教主義の学校が設立されましたが、ことに当時、軽視されていた女子教育に力を入れ、また幼稚園教育、障害者の教育などにも開拓的働きをしました。日本の国家が教育対象として考えなかった国民層全体を教育対象として、人格主義的、自由主義的教育を行なったのでした。

また、大正期における自由主義的な新教育運動があります。中村春二の成蹊、沢柳政太郎の成城、赤井米吉の明星学園、羽仁もと子の自由学園など、多くの新しい私学が誕生しましたが、これは一つの自由主義的な教育運動であって、児童中心の教育、児童の内発性や個性を尊重し、少人数のクラスで自然の中で労働させ自由人を育てようとするような教育を標榜しました。国家の要求する「上から」強制するような、型にはめこむ教育ではなく、児童の自発性を尊ぶ「下から」の教育が目標とされました。もっともこれらの大正期の自由主義教育にも種々問題はあり、プチブル的教育だと批判される面もあり、また、どこまで天皇制を批判する根拠をもっていたかに問題がなくはありませんが、やはり、これらの新教育運動は、第一の天皇制に基づく国民教育をオーソドックスな国民教育思想とすれば、それと対照される自由主義的な人間尊重思想に基づく教育の系譜に入るといえるでしょう。

近代日本には、大ざっぱにいって、こうした二つの代表的な流れが、日本の教育の系譜として考えられると思います。問題点を明確にするために、ここでは単純化して述べているので、そこには厳密にいえば、たとえばどこまで自由主義なのか、どこまで民主主義なのかといった問題が残りますが、ともかく近代日本の教育思想には、大きくわけてこのような二つの系譜が見られるように思います。

この二つの要素の相剋、またある意味ではその二つの要素の結合形態に近代日本の教育の問題、人間形成の問題があるといえます。すなわち、その二つの要素は必ずしも別々にあるわけではなく、実はその二つが結合している場合が非常に多い。たとえば天皇制の枠内における自由主義というものもあり、それは決して天皇制と対決する姿勢をとるものではない。天皇制の枠内での自由主義、民主主義というような考え方もでてきます。あるいは、天皇制の枠を破って民主主義を追求し、「抵抗」「相剋」「対決」を試みるというような関係も生まれます。そういった問題が二つの要素の関係において、非常におもしろくからみ合ってくる。明治期の、あるいは近代日本の教育における新渡戸稲造の問題を考えていこうとする場合に、このような教育の一般的課題があるということを、一つふまえておきたいと思います。

それとともに、もう一つ新渡戸稲造を考えていく場合に課題として考えておきたいことは、戦後日本の民主主義教育の「根」はどこにあるのかという問題です。それは、アメリカにあるのか、日本にあるのか。外からもってきたものなのか、それともその「根」は日本に内発的、土着的にあったのか、土着的であったとするならば、それは、近代日本の教育思想のどこにその根は見出せるかという問題です。つまり今日のわれわれの教育の課題というものを、近代日本の形成過程においてとらえるということです。あるいは近代日本とはいえなくても、日本というものの文化、思想の伝統の中に、戦後の民主主義教育の根を発見しうるのかどうか。外からもらったものなのか、内からでてくるような要素が内在的にあったのかどうか。漱石の言葉でいえば、外発的なのか、内発的なのかということです。そういった問題を課題として考えながら、新渡戸稲造の問題に入っていきたい。新渡戸の教育の問題は後にまわして、まず新渡戸の思想と行動を考えてみましょう。

三　新渡戸稲造のあゆみ

新渡戸稲造は、東京女子大学の創立者としてもよく知られた人です。彼は奥羽地方、南部藩の武士の子であって、岩手県の盛岡の町に、一八六二(文久二)年九月一日に生まれました。彼の祖父新渡戸伝は、十和田湖の水をひいて三本木の土地を開墾するなど、あの地方においては農業の開発に非常に貢献した人です。明治一〇年代に明治天皇が奥羽地方に行幸する。それは、それまでは徳川の時代であったのに、突然天皇体制がうちたてられ、一般の人たちには、天皇とは何であるかがよくわからないので、できるだけ天皇の御威光を示すために、天皇が全国を訪ねて廻ったのでした。この巡幸の途上、天皇が奥羽地方に行った時、新渡戸の家に泊って御下賜金を与えています。その天皇の与えた御下賜金が家族の間にわけられ、そのお金で彼は最初に聖書を買った。天皇の御下賜金で聖書を買い、聖書を読み始めたということは、ずいぶん矛盾したことに思えますが、このことは新渡戸がその後に直面する思想上の課題を、たいへん象徴的に示しているように思えます。

このように、天皇が奥羽地方に行った時に、新渡戸の家に宿泊したこと、祖父が地方の農業に大きな貢献をしたことなどからわかるように、新渡戸は武士の子であるとともに、農村で育った人でした。日本の主要な生産者層である農民の問題、農業生産の問題に非常に深い関心をもった家族の中に生まれ育ちました。そこから武士的であるという問題と、農民という生産者の問題という二重の課題が、彼の人間形成にかかわってきたといえるでしょう。農人形をかざり、お米を大切にし、農民の労働に感謝することを若い人たちにすすめたことにもそれはうかがえます。

一九五八年ごろ、思想史の研究において、精神分析学を応用することが試みられるようになり、フロイトの弟子でハーバード大学のエリック・エリクソン Erik H. Erikson は『若きルター』(*Young Man Luther—A Study in Psychoanalysis and History*, 1958) というたいへんおもしろい本を書きました。これはアメリカの学界でも評判になりました。しかしそれはルターの研究としての評判というより、彼がフロイトの弟子であるということからすぐ察しがつくように、精神分析学の学者であり、精神分析学の方法と歴史研究とを結合して、歴史の変化を思想史的に研究するという一つの思想史研究のアプローチを試みたので注目されたのでした。それが思想史家たちにインパクトを与えた。彼はルターが子供時代にどのような家庭に育ったかをとりあげます。この問題は、たとえば、今日の大学生にしても、両親がどういうパーソナリティをもって子供に接していたか、その環境下でどういうふうに育ってきたかが、学生生活における行動様式、学生運動における活動の仕方、ものの考え方にもある意味で内側から影響を与えています。このような仕方で、幼児期よりどのように人間形成されてきたかが後の思想形成に重要な要因をなす。ルターはドイツ風の家庭で育ちました。父も母も非常に厳しく、血がでるまでむち打たれたことがしばしばありました。父への恐怖と憎しみというものを、彼は非常に強くもっていました。そういうことが、ルターが成長していった時に、もっと大きな父としてのローマ教皇と対決するエネルギーになるというように、精神分析学的に説明されています。このように子供時代にどのような家庭環境、価値観をもって人間形成が行なわれたかということが、案外その人の成人してからの歴史へのかかわり方に、大きな意味をもつということがいえるということです。そういう関心でエリック・エリクソンは、『若きルター』を書いたのでした。

新渡戸の場合にも、武士の家庭に育ちながら、農村の問題、農業、生産の問題に深い関心をもっている家庭に育ったということ、それがいろいろな点で、これからとりあげていく文化、政治、思想に対する彼の態度に意味をもってくる。彼は、今の東京外国語大学の前身である東京英語学校で勉強し、さらに札幌農学校(今の北海道大学の前身)に行って学びました。

そこで内村鑑三と同期、つまり札幌農学校の第二期生となります。"Boys, be ambitious!" という言葉を残してW・クラークが帰国したと伝えられるのは、彼が入学するより前ですが、そのクラークの影響がまだ色濃く残っていました。そこで彼は在学中に熱心なキリスト者となりました。卒業後アメリカのジョンズ・ホプキンス大学(Johns Hopkins University)に留学し、そこでクェーカーの人たちと交わり、彼自身そこでクェーカー信徒になりました。その後彼はドイツのボン大学、ベルリン大学、ハレ大学でも学びましたが、彼が結婚した相手は、メアリー・エルキントン Mary Patterson Elkinton といって、ジョンズ・ホプキンス大学時代に親しく交わったクェーカーのアメリカ人でした。

彼の教育者としての歩みを概観すると、帰国後まず札幌農学校の教授になる。しばらく台湾総督府に勤め、後に京都帝国大学の教授となり、その後第一高等学校の校長を一〇年間つとめる。それから東京帝国大学教授になる。このように、ずっと官学の高等教育機関の教授をつづけてきました。それとともに、東京女子大学とか、北星女学園、フレンド女学校、その他、女子教育にも熱心にた

新渡戸稲造．軽井沢お水端の別荘にてメリー夫人と．
〔提供＝加藤武子〕

ずさわっており、また日本における最初の働く人たちのための夜学校（遠友夜学校）を札幌につくるなど、広い層を対象に教育活動をしています。また、後藤新平の要請によって台湾総督府に行き、農学の専門家として砂糖の栽培に非常に大きな貢献をしました。彼は台湾の人たちの経済的な生活の改善に貢献したのですが、政府の植民地政策とは決して対決していません。むしろ雇われ技術者として台湾に渡り、熱心に働いたのでした。もう一つ、彼の活動は、国際連盟の事務次長をつとめたことです。「国際連盟の良心」「ジュネーヴで最も愛された人」といわれたことからも察することができるように、国際連盟の事務次長としての彼の働きは、ヨーロッパでもたいへん高く評価されました。そういう意味で平和への貢献があります。

さらに、もう一つ、当時、全国の広い層の人びとに一番大きな影響を与えたものは、彼の著作活動です。一九六九年から一九七〇年にかけて『新渡戸稲造全集』（教文館）として刊行されていますが、『武士道』その他の何冊もの著作があります。彼は『実業之日本』のような通俗雑誌を通して全国の農山村の働く若い人たちに大きな影響を与えました。また、著作を通して、日本だけでなく世界にも多くの影響を与えました。英語の文章がたいへんすぐれており、英語で書いたものも多い。そして彼は、一九三三年にカナダのバンフ（Banff）で開かれた太平洋会議に、日本側の委員長として出席しています。その後、カナダのヴィクトリアで病気になって、七二歳で死去。彼の活躍は、明治期だけでなく、明治、大正、昭和と、満州事変の直後までの長い期間にわたっています。

それでは、新渡戸稲造の思想と行動はどういうものであったか。彼は東京英語学校に入った時に、先生から「あなたは将来何になりたいか」と聞かれ、「私は太平洋の橋になりたい」と答えている。彼における「太平洋の橋」というのは、単にアメリカと日本の間の橋という意味だけではありません。これは、彼の思想活動全体にとって、シンボリカルな意味をもっています。それは異質の文化、異質なものの考え方の間に橋をかける、理解の通路をつくっていくという意味で、新渡戸稲造は、まさに天才的といえる、非常にユニークな、創造的な働きをした人でした。それはいい面だけではなく、問題も含んでいましたが、そういうことを彼の思想において考えていきたいと思います。

四　伝統的価値の個別性と普遍性

新渡戸の思想活動の特質を考えるための手がかりとして、日本文化の特殊性(個別性)と普遍性ということをとりあげてみたいと思います。つまり文化における particularism と universalism の問題です。特殊主義(個別主義)と普遍主義ですが、これは宗教社会学者のロバート・ベラー Robert N. Bellah もよく使う用語です。ベラーは、ヴェーバーの著作を英訳し、アメリカでのヴェーバー学者といわれるタルコット・パーソンズ Talcott Parsons の弟子です。ベラーの著書 *Tokugawa-Religion*(邦訳『日本の近代化と宗教倫理』)にも、特殊主義と普遍主義がよくでてきます。特殊主義というのは、たとえば自分の家族に対しては、特定の愛情と特定の倫理観で対するけれども、よその家族に対しては全く異質の価値観で対する。あるいは自分の所属する村の人たちにはある倫理観で対するが、よそ者に対しては何をやってもよいと考える態度などです。つまり閉ざされた社会――その中ではある特定の価値観が通用するけれども、それはその中だけであって、よそ者に対しては全く力を失うという社会です。血縁的、地縁的なつながりの中では人間を大事にするという考え方が通用するけれども、外の人、「よそもの」に対しては全く通用しません。

このような視点から考えて、日本の文化、思想、価値観は、日本の中だけで通用する特殊主義的な要素のみなのか、それとも、そこに、外の世界、世界全体にも通用するところの人類的で普遍主義的な価値が可能性としても内在しているかどうか。また、どうすれば特殊的要素が普遍主義的な要素に転化・昇華されうるか。こういうことが問題になると思います。そういう意味で、日本文化の個別性(特殊性)と普遍性の問題を、新渡戸稲造の思想において考えてみたいと思います。われわれが伝統的な文化、伝統的な思想を考える時、それを固定的な概念でのみ見るのではなくて、創造的な洞察をもって新しく読み直し、読み破るということが大切だと思います。このことを明らかにするために、先にちょっとふれたフロイトを例にあげてみましょう。

フロイトはユダヤ人で、ナチスの弾圧に追われて、オーストリアから脱出しました。彼は八〇歳を越えていましたが、ほとんど無一物でイギリスに逃れてきたのでした。その時、彼は『人間モーセと一神教』の原稿のままの論文だけをもって出てきたといわれます。ヨーロッパでユダヤ人が弾圧され、アンチ・セミティズム、すなわち、ユダヤ人排斥運動が非常に強くなってきたとき、彼はモーセ教につながるユダヤ人、ユダヤ教徒として、ユダヤ人の父・モーセとユダヤ人との間に新しい光をあてることはできないかを問いはじめます。モーセは果たして本当にユダヤ人だったのだろうか？　モーセは本当はエジプト人だったのではないか、という問題を提起しています。またヘブライの先祖としてのモーセから、どうすれば自分は自由になれるか。あるいは伝統的に理解されてきたモーセ教から自由になり、それを新しく読み直してみたい。そういったユダヤ教徒としての悩みが、彼の深層心理においてモーセと新しく対決することを彼に求めさせていたのでした。

こうした関心から、ルネッサンスの巨匠であるミケランジェロが、モーセをどのように把握したかを、フロイトは問い直そうとします。彼は五十代のあるとき、イタリアに出かけて、三週間毎日毎日、ミケランジェロのモーセの彫像の前で写生をし、ミケランジェロがモーセをどうとらえたかを観察し、考えました。それによって、彼は今まで伝統的にとらえられてきたモーセとは異質なものをそこから発見します。フロイトは、律法の創作者であるモーセにそむく民衆(それは、フロイト自身でもある)への怒りを大理石像の中に凍らせたモーセ、伝統的モーセとは別の、人間的なもの以上の何ものかの新たに加わったモーセをそこに発見し、現代のユダヤ人たちを内的にきびしく縛る拘束から解放される道を見出しています。そのことにはいろいろ問題もあり、またそれについてのおもしろい論文もありますが、それはそれとして、ここで強調したいのは、固定した観念で理解され、継承されてきた自己の属する文化的伝統を、何度も何度もアタックすることによって、読み直し、読み破るという姿勢が、『ミケランジェロのモーセ』の場合、典型的に見られるということです。

そして日本人にとっての伝統的な価値体系から近代的な価値意識の形成、近代的なエートスへの変革を考える場合にも、日本の精神的伝統を固定した観念だけで見ていくのではなく、もっと柔軟な見地から読み直し、読み破っていくことが大事であると思うわけです。

五　『武士道』のアプローチ

新渡戸稲造は右に述べたような意味で、日本の精神的伝統の中から、すなわち特殊的日本文化、価値観、思想的背景の中から普遍的な価値を読み取ろうとしました。そういう問題意識が彼の中には強烈にありました。それが、たとえば彼の『武士道』という本となってあらわれている。この本を矢内原忠雄が邦訳したとき、「日本の魂」「日本の思想の解明」という副題をつけました。本書が書かれたきっかけは、序文によれば、彼のヨーロッパ留学中、ベルギーの法学者ド・ラヴレーから「あなたの国の学校では、宗教教育はどういうふうにするのですか」と尋ねられ、「日本では宗教教育など学校ではやりません」と答えた。しかし、新渡戸は、ド・ラヴレーの「宗教教育なしに、どうして国民の道徳教育ができるか?」との問いに対して適切な答えができなかったことによって、日本において人間形成、道徳教育というものは、何によって行なわれているのだろうかという問題を真剣に考えた。そして日本人の伝統的な倫理観、骨のある人間形成は、家庭における武士道教育であることに着目して、『武士道』を書いたのでした。

これは世界の人たちに、日本を知らせよう、日本を紹介しようとして英語で書かれたものです。しかしそれは、三島由紀夫の死などで問題になったところの、いわゆる「武士道とは死ぬことと見つけたり」という武士道ではない。つまり、討死、敵討《かたき》ち、切腹などといった残酷な面のそれではなく、むしろこの場合、武士道という言葉は誤解をよびやすいのですが、新渡戸においては武士道の中の日本の伝統的な倫理観、価値体系をとりあげ、そこに普遍的な価値を掘り起こし、普遍的なものとして世界の人びとに伝達しようとしているわけです。たとえば「義」を、伝統的な義理としてではなく、正義として把握し、「勇」は、敵への愛、思いやりといった風に解釈している。あるいは儒教の「仁」は、愛、寛容、愛情、同情、憐れみなどと解釈されている。「仁」はもともと柔和なこと、母のようなものであるとも書いています。また「礼」とは、自分より身分の高い人の前で礼儀正しく挨拶をするというような社交的な礼儀作法ではなくて、むしろ社会関係、他者への心の姿勢としてとらえている。また「誠」も、真実としてとらえ、「名誉」、あるいは「恥を知る」ということ、つまり日本の武士がもった廉恥《れんち》心《しん》も、恥を知る心として把握し、それを、罪の意識と対立的に見るのではなく、むしろキリスト教でいう原罪、罪の自覚の契機として見ています。

そういう点で、社会学者のルース・ベネディクトが『菊と刀』の中で述べている「罪の文化」か、「恥の文化」かという概念規定、罪と恥とを切りはなして、価値観の分析にあたっての対立概念として用いるのとは対照的です。彼女の見方によれば、恥の文化においては、人がどう見ているかということによって物事を判断し、恥を感じる。人に知られたら恥だと考える。たとえばどこかの家の垣根の花を取っても、その家の人に見つかったら叱られる。つまり見つかると恥をかく。しかし見つからなければかまわない。このように人間関係だけで恥を感じるというのが恥の観念です。それに対して、誰も見ていなくても、人間を超えたもの、神によって内面生活のすべてが見られているという考え方が、罪の意識です。そういう定義に基づいて、罪の文化と恥の文化を対比しているのが、ルース・ベネディクトの『菊と刀』が提起する分析方法です。

ところが、新渡戸稲造の場合には、日本において「恥を知る」といわれることから、むしろ「罪を知る」こともわかる——というように、罪の文化への橋渡しという関係で恥の概念をとらえている。そういうように、彼は日本の武士道における特殊的な倫理観ないし価値観を、普遍主義的な価値に解釈し直していく。あるいは武士道の中から普遍的な要素の萌芽を発掘し、それを他国の人たちにもわかる言葉、論理で説いてゆく。

同じことは、彼の『修養』、あるいは『世渡りの道』などの書物についてもいえます。後者の方は一般向きに、通俗的に書かれていますが、「世渡りの道」といっても、単にうまく世の中を渡る法というよりは、「この世の中にいながら、この世のものでない」(in the world but not of the world)という現世内的禁欲の問題を、人びとにわかりやすく説いている。先に述べた「礼」というものも、儀礼としてではなく、むしろ他者との関係、社会関係(sociality)の問題として説いている。「恩」という日本独特の倫理観にしても、新渡戸はその枠を越えたものへと展開させてゆく。日本では受けた恩を返すように教えられる。生まれながらにして親から無限の恩を受けているのであり、この恩はいくら返しても返しきれない。更に、われわれは存在するだけで、天皇、君《きみ》から無限の恩を受けている。それは、一生涯、一生懸命に忠節をつくしても、返しきれない恩である。このような意味で「恩」の概念が伝統的に考えられてきた。それに対して新渡戸は、君の恩とか親の恩とかを、決して否定しはしない。しかし彼は、それらの恩よりも、民の恩、民衆の恩、とくに働く民衆の恩、そういう「恩」が一番重要だといいます。家族主義的国家観をささえるモラルとしての「恩」という概念を正面から否定するのではなく、君の恩や親の恩をも認めておきながら、それらを越えて、民の恩、まだ見ぬ働く民衆の恩、他国の人びとの恩が本当に大事だといって、「恩」の概念の中から「民の恩」というような普遍的な要素を導きだしているのです。

このような考え方は、『偉人列伝』という本にも同様に見られます。その中で、新渡戸は幾人かの有名な人たちのことを書いていますが、彼の場合には無名の人、働く民衆の中に立派な人、本当の偉人がいるといい、無名の凡人の中の偉大さを見ようとしています。立身出世が近代日本人にとっての一つの目的意識になっていて、偉い人というのが教育の目標になっていました。『偉人列伝』というので、どんなに偉い人、有名な人が多く登場するかと思うと、そういう人たちのことも書いてはいるのですが、彼が強調したいのは、無名の人たちの中に、もっとも立派な偉人がいるのだという点です。そういう仕方で、人間というものの考え方を示している。このように、彼には伝統的な日本の価値体系の特殊的な要素の中から、普遍的な要素、あるいは、その可能性としての萌芽を発掘しようとするアプローチは一貫しています。またそれは、日本人自身にとっての自己発見の方法でもありますが、他国の人びとのためにも、日本と他国との間に共通の理解をもちうる普遍的な価値観に基づく通路をつけることにもなります。

そのことは、また逆にカーライルやゲーテを日本に紹介する場合にも見られます。彼は特にカーライルについてよく語ったといわれますが、第一高等学校の倫理講話の時間を彼が受けもって、修身の授業の代りに、『サーター・リザータス』(『衣服哲学』)の講話などをよくやったようです。しかし、その場合にも、西洋の思想をただ紹介するというよりは、日本の青年たちに、ものの考え方の基底において受けとめられるように説く。日本のものを外国へ、外国のものを日本へと、双方のふところから普遍的な価値を掘りおこし、彼の豊かな洞察にみちた、臨機応変の新しいインタープリテーションを通して、それを伝達するという態度です。

六　キリスト教の接木型受容

このように、彼の日本文化の読み方、日本の伝統的思想の掘り起こし方は、まさに読み直し読み破っていくというやり方です。それによって、普遍的な価値につながる要素を、たとえそれが可能性としての萌芽であれ、掘り起こしてくる。『武士道』の場合にしても、決して武士道が究極的な目標だと考えてはいない。武士道のもっているいろいろな要素の中から、普遍的な価値の萌芽になるようなものを見つけだして、掘り起こす。そして武士道が滅んだあと、それを接《つ》ぐもの、それこそキリスト教だと彼は考えていました。日本文化の中から普遍的な価値の土台になるもの、根になるもの、萌芽になるものを掘り起こし、それにキリスト教をつなぐという考え方、関心が新渡戸の中に見られます。その問題は同時にまた、彼のキリスト教の受容方法と密接に関係しています。このユニークな特色をもった受容の仕方は、「接木型」と私がよんでいるタイプです。日本の伝統的な価値の中から、台木になるような要素のあるものを掘り起こしてくる。そこへキリスト教、いいかえれば、普遍的な価値を接ぐという考え方です。それが彼の思想の特質の一つの要素です。

　新渡戸稲造においては、「寛容」の思想が重要です。内村鑑三がそのきびしさの故に「父」になぞらえられるのに対して、新渡戸稲造はそのやさしさ、寛容さの故に「母」になぞらえられることがよくあります。日本の思想的土壌、宗教思想に父的要素と母的要素があることは興味深い問題だと思うのでそれにふれながら、新渡戸の母的寛容について考えてみましょう。内村鑑三は原理を厳密にし、気に入らない弟子はどんどん破門しました。内村から破門された人は非常に多いです。また、内村鑑三の激しい峻烈な宗教に耐えられなくなって逃げだす人も多くいました。正宗白鳥もその一人です。ところで、遠藤周作は『沈黙』の中で、日本の宗教、日本の伝統の中では華々しい殉教の死をとげたものが尊ばれてきたが、殉教する勇気もないために転《ころ》び、強制的に仏教徒にさせられたような人たちの救いはどうなるのかと、転びキリシタンの悲しみと、その問題をとりあげています。そしてマリア観音の母的な寛容に彼らは救いを求めたのではないかといっています。「母の宗教」「父の宗教」というようなファミリー・シンボリズムで日本の文化とか思想を考えてみると、日本における母的な要素は、神道的な無限抱擁の思想的土壌に見られ、父的な要素は、儒教的な専制君主的リゴリズムに見られる。その両方が日本の思想体系の中にあるように思えます。

　明治初期には武士階級、士族階層の人が多くキリスト教に入信しました。内村鑑三にしても植村正久(一八五八―一九二五)にしても、みな武士階級の出身で激しい武士魂をもった、武士的キリスト者でした。そこでは神といっても、彼らにとっての神は義の神、裁きの神、厳しい神の性格が強いという印象を与えがちです。そういう神は、正宗白鳥にとっては、とても「かなわない」。「文学も芸術も楽しむことを知らないキリスト者は、人間としては片輪《ママ》だ」といって、正宗はキリスト教から逃げだしました。最期は植村正久の娘である植村環牧師に葬式をたのんだのだから、完全な背教者(棄教者)とはいいきれませんが、長い間背教者の様相を呈していました。有島武郎にしても、内村鑑三から逃げだして背教者になりました。

ところが、それとは対照的に、新渡戸稲造においては、非常に母的な要素が強い。彼は人柄も寛容であり、人間の悲しみを知る人で抱擁力があった。その信仰もクェーカーで、寛容な信仰です。彼は内村鑑三の信仰と自分の信仰とを対照して、内村の信仰は正門の信仰、正門から入った信仰だが、自分の信仰は、「横の門から入った信仰だ。横の門とは、悲しみということだ」と矢内原忠雄に語っています(矢内原忠雄『内村鑑三と新渡戸稲造』日産書房、一九四八年)。彼は悲しむ者と共に悲しみ、悲しむ者を慰める信仰者でした。だから彼は、自分の信仰を決してオーソドックスだとは思っていない。内村のような福音伝道者は、オーソドックスな真正面から、正門から入った贖罪の信仰、罪の裁きとキリストの贖いによる救いを信じる正統的な信仰の代表的な立場と新渡戸は考えていました。しかし彼自身は、むしろ、横の門の信仰、すなわち、教育者として、この世の人びとの中にあって、その悲しみを共に負う私服のキリスト者と考えていたのだと思います。

新渡戸は、彼の母の生涯を考えて、日本の女性の悲しみということを、常に考えていました。今は、日本の女性は、強いといわれますが、昔はさまざまな苦しみを黙って耐えて生きていました。そういう母の悲しみ、その母の亡くなる時に自分が間にあわなかったといったことも重なって、母への思いから、彼は常に日本の女性を人間らしくあらせることに心をくだいたのでした。下田にお吉地蔵を自分の母の命日につくったりしたのも、お吉、すなわち、日本の女性の不幸とその悲しみへの深い同情からでした。彼が東京女子大学をはじめ、幾つもの女子の学校のために真実な努力をしたのも、女性を人間らしく育てたいという悲願からでした。

さらに、彼のクェーカーの信仰も、キリスト教を信じる人だけでなく、全ての人の中に内なる光、神の種子が宿されており、全ての人の中に神の種子、内なる光を見るという立場です。したがって彼は、どのように自分と異質の思想をもつ人に対しても、その中に自分に宿されたのと同じ神の種子を見ようとする。このようにして彼は、全ての人々を抱擁していくというクェーカーの信仰に基づいた寛容の思想に立っていました。

そのような立場から、たとえば道端の石地蔵に赤いよだれかけをかけて祈っている婦人を見た場合、信仰対象としての石地蔵の側から見れば、それは迷信的な信仰に見えるかもしれない。しかし、それを拝んでいる素朴な田舎の母親の、その拝んでいる心の側、人間の側に立ってみれば、それは非常に純粋で真実な祈る心であり、普遍的な信仰心だと彼は考えたのでした。彼は信仰対象の側から見て、それを迷信として批判するよりは、むしろ信じる者の側の誠実な信仰心に注目し、感動する。そして石地蔵に対してさえも、こんなに誠実な祈りをささげるとすれば、これが本当の神に向けられたら、どんなに真実な立派な信仰になるだろうかと考える。このような仕方で、彼は常に特殊的なるものの中に、普遍的なものを発見していく。母のように「寛容」な彼の精神がこうした深い洞察にみちた、創造的な、そして柔軟な思想を生みださせていたのではないかと考えさせられます。

このような方向をもつ新渡戸稲造の思想は、一つの折衷主義だという人もあります。そう見える面が彼にはあります。しかしその場合に、彼は常に異質の思想の中に、普遍的な価値の萌芽を読みとっていくことによって、その異質の価値を抱擁しようとする。肝心なことは多様な価値をただ折衷しているのではなくて、それを抱擁していく一つの原理が、彼の中にはあり、それが彼のキリスト教信仰なのだと私は考えます。それはまさに開かれた、創造的な態度です。したがって彼は、日本の国内でも、農民とか、労働者、家庭の主婦、学生、その他、多様な階層の、違ったタイプの人たちとの間に、これほど自由にコミュニケーションをもった人は少ないといわれるほど開かれた意識をもって豊かな交わりをもち、大きな人格的影響を与えることができたのでした。

しかし、他方、それだけに、内村鑑三のように確乎とした信念なり原理なりをもって対決してインパクトを与えていくといった要素が少ない。何でも抱擁したけれども、どこまで一つの価値観をもって人びとのエートスを徹底的に変革し、新しい価値観に変えることができたかという問題が残るかもしれません。したがって、彼においてはそうではなくとも、弟子たち、彼を師と仰ぐ人たちの中には、あるがままで受け入れられている安心感で何一つ新たに革新されることなく新渡戸の弟子をもって任じている人もいました。結果的には、新渡戸の立場は、何でもかんでも無差別に抱擁していく、神道イズムの無限抱擁の原理に転化しかねない、という問題をも含んでいます。新渡戸稲造はキリスト教に関心をもつ自分の弟子たちに、あるところまでくると、「この後は内村君のところへ行ってくれ」といって、内村鑑三に自分の弟子の信仰指導を託したことも理解しえます。このようにして、内村鑑三のあの激しい厳しさと、新渡戸稲造の、あの寛容な、開かれた精神、自国の過去の文化に対しても、異国の文化に対しても自由な、開かれた姿勢、そして、新しい文化創造への深い洞察と積極的な姿勢、この二人の教師より影響を受けた人びとの中から、非常にすぐれた人物が生まれてきている。これは興味深い教育の問題だと思います。

このような点に、新渡戸稲造における伝統的価値体系の特殊性と普遍性のとらえ方、日本文化あるいは日本の伝統的な価値体系の変革の仕方、伝統的エートスの変革のアプローチの特色と問題が見られます。国際文化会館に知的交流委員会(Committee on Intellectual Interchange)がありますが、これは、表面的な国際交流というものではなく、異質の価値の間に橋をかけるという知的作業を目的としています。これは、新渡戸によってはじめられた「太平洋の橋」、知的相互理解の橋をかける使命を継承しようとする人たちによって戦後はじめられた仕事なのです。

「平和の橋」ということがいわれますが、多様な価値の間に開かれた道をつくることは最も重要な課題です。今日の世界は、各国民の考え方や生き方に多様な文化のそれぞれのユニークネスを尊重しあおうとする多元主義的な世界になりつつあります。決して一つの型が唯一絶対なのではない、西洋化が近代化の典型ではなく、近代化とよばれる変化の一つのタイプ、一つの方法にすぎない。そして、多様な文化がその特質をもちながら、しかも普遍的なものに向かって開かれているようなあり方において変化していくことが求められている。そのことによって、非常にユニークな日本文化の特殊性が、まさにその日本文化としての特殊性を保持しながら、普遍的な価値へと革新され、発展し、人類社会に貢献していく。そういうことが、インドの文化、中国の文化などにも要求される。このような多元的な文化のあり方が、これからの世界にとっての大きな課題として、今日のわれわれに求められていると思います。新渡戸の方法《アプローチ》は、ある意味で、二一世紀の課題ともいわれるそのような多元主義的文化のモザイク的共生の可能性を探る一つの先がけともいえる思想ではないかと考えさせられます。

七　教育思想における人格主義と教養主義

以上のような思想をもつ新渡戸は、日本の教育史、あるいは、教育思想史において見るとき、人格主義的、教養主義的教育の草分けといっていいように思います。これは、さきに、別の章でふれましたが、彼が第一高等学校の校長になった当時(一九〇六―一九一三年)、一高の学風は、前校長狩野亨吉の古武士的な風格の影響もあり、東洋豪傑風の籠城主義がさかんでした。そこへ新渡戸が校長となり、リベラルな教育思想が影響力をもつようになり、校風が一変されました。当時、校風論をめぐって、学生の間に烈《はげ》しい議論があったようです。特に、新渡戸のリベラルな教養主義は学生を軟弱な思想に流れさせるという憂いをもって反対する学生も多かったといわれます。

新渡戸は明治期の教育はわれわれを器械にしてしまい、品性や正義を愛する心を奪ってしまったときびしく批判し、内面的な人格(personality)の完成が大切だといい、才能よりも品性、理智よりも霊性、to do よりも to be を強調しました。彼は人間の内にある可能性を育てようとする自由主義的教育家であり、学ぶとは人の心をエマンシペート(emancipate)し、リベラライズ(liberalize)することであり、それが学問の第一の目的だと考えていたのであって、リベラル・エデュケーション(liberal education)、教養主義的、人格主義的教育の大切さを主張する教育者でした。彼は専門知識や技術を軽視するのではありませんが、その根底に人間をつくること、人物を育成することの大切さを強調しました。

しかし、新渡戸は、当時、知識層に影響力をもちはじめていた観念論的な人格主義、閉鎖的な個人主義とは異なって、人格の尊重を強く主張すると共に、他方、社会性(sociality)、つまり、他者との社会関係、社会的連帯、社会的意識の大切さをも強調しました。当時の一高における籠城主義の独善的な高慢さ(それは、富国強兵の排他的、独善的な国家主義をささえるものでもありました)の危険を新渡戸は勇敢に指摘し、謙虚に他者と人間的、精神的に交わり、他者の立場を寛容な抱擁力で理解する sociality の大切さを説いたのでした。

新渡戸のこうした人格主義的、教養主義的教育思想はキリスト教信仰に基づくものであり、人間を越えたもの(神)との vertical(垂直)な関係に人格性の根拠を堅持し、それにささえられた horizontal(水平)な関係において社会性の意味を説いています。そして、それは観念的な教養人をつくることではなくて、社会意識をもった実践的な人間をつくることでした。その後の日本において超国家主義が狂暴化していく中で、社会主義、あるいは、自由主義を唱え、あるいは、「国家の理想」を正義と平和と主張することによって、国家当局の弾圧を受け、大学を追われた森戸辰男、河合栄治郎、矢内原忠雄らの諸教授がすべて一高時代に新渡戸の影響下に育った人たちだったこと、一生涯、砂防事業に献身した赤木正雄、工場災害の問題に一生をささげた三村起一など、人民の福祉のための理想に向かっての使命感に立って実践的に生きた人びとが彼の教育的影響のもとに輩出したことは興味ぶかいと思います。

彼は、第一高等学校の学風の改革を学校制度の改革からはじめたのではありませんでした。彼は従来からあった倫理講話の時間を自ら受けもち、その内容は従来のかた苦しい道徳講義とは全く異なり、カーライルの『衣服哲学』、ゲーテの『ファウスト』、リンカーンやミルトンなどを自由に講義しました。これは非常にポピュラーな講義で、学生たちはふるって出席し、大きな影響を受けたのでした。また、学生の読書会、弁論部などの顧問に自らなり、読書会では東西の良書を読ませ、こうしたグループから人格主義的教養主義に立つ人物が育てられていきました。弁論部も従来、テーマは主として、国家主義や立身出世や社会的成功といった課題でしたが、新渡戸の影響下に弁論部員のテーマは外面的な問題からもっと内面的な教養の問題に移り、内面的な人格形成か外面的社会的業績かといった問題、人生問題、人間として存在する意義などを真面目に考えあうようになりました。一高の校風を国家主義に代わるリベラルなものに革新していったのは、これらの学生たちであって、まさに一高のふところから興ってくる思想運動でした。彼らは更に、二高や三高、その他、全国の旧制高等学校の学生たちとの弁論大会にも、弁論の技術ではなく、思想運動として大きな影響を与えました。これが、戦前の日本の旧制高等学校の特色としての教養主義教育をつくりだしていく力となったのでした。

一高の教育に話がゆきすぎた観がありますが、これは新渡戸の教育思想と方法を明らかにしたいと考えたからです。新渡戸の教育活動ははじめにもふれたように、札幌農学校(現北大)、京大、一高、東大など官立の高等教育機関のみならず、東京女子大学、北星女学園、フレンド女学校、その他、女子教育にも大きな貢献をしました。当時の女子教育のオーソドックスな理念としての良妻賢母主義に対して、彼は、女である前に一個の独立した人格としての人間であれという教育を強調しました。それは東京女子大学の当時の卒業生たちが先生の思い出として書いているところにも明らかに見られます。また、作家の吉屋信子は、地方の女学校の生徒だった頃、新渡戸先生が講演に来られて、「女である前に人間であれ」といわれた感銘が自分の生涯の歩みに大きな意味をもったと語っています。彼は、また、遠友夜学校という働く青少年たちの夜学校も創設しました。さらに、『実業之日本』というような通俗雑誌に毎月文章を書き、また、求められれば、忙しくても地方に講演に行き、全国の農山村の人びとに大きな影響を与えましたが、階層の違いによって異なった教育が行われた日本の現実にあって、彼は、東大や一高における教育、女子教育、働く青少年の教育、一般市民の教育、すべてを貫いて、この理念、この原理に立つ教育、すなわち、人格としての人間形成、社会意識をもつ人間形成を説きました。知識層だけでなく、広く一般民衆にこれほど親しまれ、大きな人格的影響を与えた人は稀だったのではないかと考えさせられます。

八　戦後民主主義教育の内発的「根」

終りに、日本の戦後民主主義教育は外発的なものであったか、それとも、内発的、土着的であったかという問題について短くふれたいと思います。

戦後の民主主義は日本占領連合軍、特に、その最高司令官であったアメリカのマッカーサー元帥からもらったもの、あるいは、強制的に押しつけられたものといった考え方をする人が日本にはいます。しかし、私は、戦後の民主主義、特に、民主主義教育は、土着的、内発的な「根」を日本の精神的、思想的土壌の中にもっていたと考えます。それは、占領軍からのおしきせではなく、日本に内在的に用意されていたものであり、超国家主義的軍国主義的ファシズムによって抑圧されて、窒息させられていたところを、敗戦を機会に、軍国主義的力(軍閥、特高警察、極右団体等)が占領軍の力で除去されることによって、自らの芽を出すことが出来たと私は考えるものです。そして、この問題が新渡戸の教育思想、および、活動と深くつながっていると考えます。

たとえば、「教育勅語」に代わる国民教育の理念として国会で採択された「教育基本法」が占領政策によって押しつけられたものだとの理由で、その後、「教育基本法」の改正が度々国会で問題になりました。しかし、教育基本法の確立されたプロセスを当時の教育刷新委員会の議事録、文部省の極秘の資料などを見せてもらって私自身しらべてみたことがありますが、天皇が国民に下した「教育勅語」を無効化し、国民が国会で採択する「教育基本法」をもってそれに代えることを決定し、その起草にあたった第一特別委員会委員、その協力者の大部分、また、それを推進した文部大臣、文部次官らが、新渡戸の校長時代の一高の学生、東大教授時代の学生で、特に、個人的に思想的影響を大きく受けた人たちであり、彼らが重要な発言をしていることです(そこには、占領軍からは誰も参加しておらず、別に圧力はかかっていなかった)。

その例をあげると、田中耕太郎(文部大臣)、山崎匡輔(文部次官)、森戸辰男(当時社会党代表の教育刷新委員会委員、第一特別委員会委員、翌年の文部大臣)、河井道子(同上委員)、天野貞祐(同上委員)、高木八尺、南原繁、前田多門、長与善郎等の人びとです。更に、鳩山内閣の文部大臣清瀬一郎が教育基本法の改正を提唱した時に烈しい反論を行ない、教育基本法の擁護に努めた、当時、東京大学総長の矢内原忠雄も新渡戸を尊敬してやまない弟子でした。戦後の民主主義教育はこれらの人びとによって積極的に提唱され、彼らのそれぞれのポストにおける懸命の努力によって具体化されたのでした。そして、これら敗戦後の日本における民主主義教育の主体的担い手を用意したものを問うていくとき、そこに教育者新渡戸稲造を発見します。

より広くとらえてみれば、近代日本の形成過程に見られる教育思想の二つの流れの中の民主主義的、自由主義的教育思想は、はじめにもふれたように、ある意味では常に、天皇制的臣民教育の「正統」に対して「異端」的立場と目されてきましたが、それでも、大正デモクラシー、ヒューマニズムの時代には一つの結実をもち、しばしの間にせよ、日本における支配的な時代思想となりました。その民主主義的、自由主義的思想形成には、吉野作造の大正デモクラシー、白樺派のヒューマニズムなどとともに、新渡戸の教育思想が最高学府のインテリ層から全国の働く人びと、庶民にいたる幅広い裾野にわたって民主主義思想、人間尊重思想をそのふところ深くに培っていました。この地下水があってこそ、戦後の民主主義、ないし、民主主義教育は日本の一般市民たちに、抵抗を受けるどころか、もろ手をあげて歓迎される解放思想(軍国主義からの)でありえたのだと私は思います。

このように、私は、戦後民主主義教育の源流の一つが新渡戸稲造に見出せると思います。

〔附記〕　なお、上述の「教育勅語」を廃止し、「教育基本法」構想へとたどりつく第一特別委員会の記録を含めて、『教育刷新委員会・教育刷新審議会　会議録』(全十三巻)は、岩波書店より出版されるとのことです。

4　土の匂いのするデモクラシー
――市川房枝の思想と行動

一　歴史とフェミニズム

歴史と女性、人類の半数を占める女性が歴史形成に果した現実的役割、これまで伝統的に歴史家たちが歴史における女性をどう評価し、取扱ってきたかということなどは、興味深い問題です。二〇世紀におけるアメリカの女性史家の一人、ジュディス・P・ジンサー(Judith P. Zinsser)の著書『歴史とフェミニズム』(*History and Feminism—A Glass Half Full*, 1993)は、一九九三年、この本が出版された当時、フェミニスト学者たちが過去二五年にわたって、「半分しか満たされていないコップ」ともいうべき、「女性を欠いた歴史」を問題にし、「歴史の他の半分」を明らかにしようと、草の根にまでわたって研究し、問題提起をしてきた成果をあとづけた著書、国民教育のための重要な「女性の歴史プロジェクト」の集大成として、アメリカで広く紹介された書物です。この本の中で、ジンサーは、男性歴史家たちが書いたこれまでの歴史においては、伝統的な歴史の執筆者たち、すなわち、アーノルド・トインビーをはじめとして、高名な代表的歴史家たちは、常に男性中心の歴史を書いてきた。人類の半分を占める女性たちは無視され、陽の当らない陰におしこめられてきた。歴史教科書でも常に男性中心の歴史のとらえ方がなされてきた。伝統的な歴史書に、成功した、すぐれた女性指導者が記録される時、それは、常に女性らしくない、男性的女性の姿だといっています。そして、女性の眼で、歴史がよみ直されなければならない。時間の陰(the shadow of time)から人類の半分を引き出し、歴史の現実における力としての女性を顕示しなくてはならない。このような観点から過去の歴史に挑戦し、力を持った男性エリートの経験とは異なる女性たちの経験に基づいて、歴史の扉を開こうとする努力が一九六〇年代から一九七〇年代を通して、開眼した女性たちによって精力的に行われてきた。こうした女性たちのとらえる歴史は「学際的展望」(“interdisciplinary perspectives”)をもつ故に新しい種類の社会史となる——とジンサーは主張しています。歴史とフェミニズム、歴史と男女同権論はたしかに一九六〇年代よりアメリカ、ヨーロッパ諸国をはじめとして、世界的に高揚してきたことは事実です。それが一九七五年に国連が全世界の婦人の地位向上を目指して宣言した「国際婦人年」に象徴的に結晶したことは事実です。

しかし、女性の人間的尊厳、その人権の尊重を求めての道はけわしく、そのたたかいの歩みが時久しくつづけられてきたことは今さらいうまでもありません。この問題を「婦人参政権」の問題だけに焦点をしぼって考えてみても、そのたたかいの歴史は長い。その経過を先ず一べつしておきたいと思います。婦人参政権は一九世紀になって重要な課題となってきました。イギリスでは既に一七九二年にメアリー・ウォルストーンクラフト(Mary Wollstonecraft)が、「女性の権利の主張」を表明、一八六五年にはロンドン参政委員会が形成されていますが、これは、ジョン・S・ミルがウエストミンスター選挙区から立候補した時、「婦人、労働者に参政権を与えよ」と演説したことに大きな刺戟を受けたことによっています。ミルの『女性の解放』(*The Subjection of Women*, 1869)が与えたインパクトも非常に大きかった。一八九七年には婦人参政権を要求する諸団体が一つのナショナルな団体に統一され、牢獄に送られても参政権を求めるミリタントな運動を展開しました。それにもかかわらず、イギリスで女性に参政権が与えられたのは一九一八年のことです。アメリカでも一八六七年、カンサスにおいて参政権獲得の運動が開始されており、南北戦争終結後、黒人解放問題と共に婦人に参政権を求める気運が高まり、一九一八年には一五の州で男性と同じ参政権が認められています。しかし、アメリカ合衆国としての婦人参政権の獲得は一九一九年になってようやく達成されたのでした。

ところが、興味深いことに、米英のような大国よりも遥かに早く、ニュージーランド、オーストラリア、フィンランドといった周辺の小国で、婦人参政権が認められていることは注目に値します。ここで詳述はさけますが、世界で最も早く一八九三年に婦人参政権が認められたニュージーランドは、母国イギリスの特権階級の専制や一般民衆の貧困など、諸々の社会悪と無縁なユートピア的理想の国を創出しようと、平等主義、民主主義の夢を持って出かけてきた移住者たちによって建設されたのであり、婦人参政権はそうした革新的気運が可能にさせたと記録されています(「女性参政権百周年とニュージーランド」の諸資料)。

第二番目に、女性に参政権を認めたオーストラリア(連邦としては一九〇二年。ただし、南オーストラリアは一八九四年、西オーストラリアは一八九九年に)の場合はニュージーランドと異なっています。母国イギリスよりも早く参政権が認められた理由については諸説あるようです。一つの理由として考えられることは、イギリスにおける犯罪者が多くオーストラリアに渡った(あるいは送りこまれた)といわれますが、イギリスでは伝統的に特権階級が富と権力を独占し、大衆は貧乏で法の保護もなかった。一九世紀初めまでイギリスでは、死刑に当る重罪が二二三種類もあり、五シリングを盗んでも死刑だったと記録されています。貧富の差がひどく、貧乏人の多かったイギリスでひもじさの故の盗みも多かったことが推察されます。犯罪者といってもその中には善良な市民や社会の不平等と権威主義に抗する正義漢も多かったことでしょう。アレックス・ヘイリーの『ルーツ』(Alex Haley, *Roots*, 1974)が世界各国に広く読まれ、世に大きなインパクトを与えた一九七〇年代にはオーストラリアでは、先祖の犯罪者たちを研究することが一つのブームになったときます。オーストラリア大使館員の一人は「私の先祖にも犯罪者が一人いました」と筆者に語って下さいました。このような歴史的背景を考える時、オーストラリアに移住してきた開拓者たちは、平等主義的、民主主義的社会の形成に深い関心を持っていたことがうかがえます。女性に参政権を認めることが、母国イギリスよりも遥かに容易だったのではないかと考えられます。こうしたオーストラリアにおいては、女性解放のために、離婚の根拠、結婚した女性の財産、夫に棄てられた妻や子どもの保護、老人の年金等々、種々の法的改革が行われたのであって、参政権はその一つであったといわれます。

ヨーロッパで婦人参政権が最も早く認められた国は、これまた辺境の国フィンランドであって、一九〇六年のことです(イギリスは一九一八年)。フィンランドは一八〇九年より一九一七年の独立宣言までロシアの直轄公領でした。この期間、ロシアの圧制に対する苦闘のもと、フィンランド国民としての団結とアイデンティティを求める意識が強く、さらに、平等主義的政治意識が強かったこと、村落社会をはじめ、社会の諸領域において、男女が共通に労働をしていた生活的現実の故に両性間に平等感が強かったこと等が背景となり、労働階級と同様に婦人にも全面的公民権が認められたとのことです。フィンランドにおいて、近代的平等観が確立していたわけではなかったともいわれるのですが、しかし、参政権の認められた一九〇六年前後にプロテスタントの信仰復興運動が女性を指導者としておこった折、女性ゆえの反感もなく、むしろ、こうした運動が社会の族長支配的秩序や地位による社会的ヒエラルキーをこわす働きをなし、新しい社会組織をつくり出してゆく要因になったとも記録されています(*Finland—People・Nation・State*, edited by Max Engman & David Kirby, 1989)。

以上でも明らかなように、参政権に限らず、女性の解放、男女同等の権利の確保ということは、決してその問題だけが切り離されて問題になるのではなく、人間観、人間関係、社会関係全体にわたっての人々の問題意識や生活のありように基づいているということを、今さらのように確認させられます。そして、伝統的な権威主義が牢固として支配する老大国からの自由を求め、平等な社会の形成を求める人々の作る周辺の小国において、女性の諸権利が早く認められていることは重要です。イギリスではミルの『女性の解放』(一八六九年)以来、多くの人々のミリタントなたたかいの末、五〇年を経て、一九一八年に、既婚女性と三〇歳以上の大学卒の女性に限定して、参政権がようやく認められており、二一歳以上のすべての女性が男性と同じ権利を認められたのは一九二八年です。アメリカでは、一八六八年、南北戦争直後からはじめられた婦人参政権獲得運動が、連邦政府の憲法改正にこぎつけたのは一九二〇年です。それは、ドリス・スティーブンス『自由のために牢獄へ』(*Jailed for Freedom* 藤田たき抄訳『婦選』〔一九三〇年九月—一九三一年二月〕)にみられるような烈しい、そして、忍耐強いたたかいの成果でした。一九二三年、世界社会事業大会に出席するためアメリカの首都ワシントンを訪ねた市川房枝に婦選運動の重要さを説いたのは、全米婦人党(The National Women's Party)の中心的指導者でクェーカー教徒のアリス・ポール(Alice Paul)であったと市川は自伝に書いています。この頃、アリス・ポールは、ようやく参政権を獲得した後、さらにそれ以外の法律においても男女平等を獲得するための憲法改正運動を推進していたようです。ミリタントな女性たちの忍耐強い、そして、勇気のあるたたかいにもかかわらず、英米のような〝先進的〟と目される大国の場合、案外、長い期間のたたかいを必要としていることを見出します。

市川房枝の男女平等の権利、女性の地位向上を目ざしての思想と行動を考察するに先立って、歴史とフェミニズムの問題、歴史における女性の役割と位置づけが普遍的に自覚的となってきた一九六〇年代以降の革新的史観の台頭の動向に短くふれ、また、世界史を通して、女性の解放をめぐる諸側面のうちの一つの課題として、参政権に焦点をおいて過去をふりかえる時、そこに見出すところの、先駆的な周辺の小国の場合と伝統主義の支配する保守的大国の場合との対照を、短く一べつしました。民主主義的で平等なる、新しい社会の形成を夢みて形成された周辺の新興小国において、婦人参政権がいち早く認められていることは、婦人参政権が孤立してある課題ではなく、デモクラシーを求めての人間観、社会観の総合的枠組を基盤とする課題であることを、いまさら再確認せしめられ、興味深く思わせられます。

二　市川房枝の活動の軌跡

近代日本の女性解放の歴史において、賛否をこえて、巨歩を印した女性の第一人者は何といっても市川房枝（一八九三—一九八一）です。戦前には、新婦人協会、婦選獲得同盟などによる婦人参政権獲得問題を中心として、日本女性の解放、女性の地位向上のための辛苦にみちた活動を、時には、孤独に堪えておし進めてきました。それと対照して、戦後は、一九四五年一〇月、ついに参政権が認められ、有権者となった女性の選挙権の行使をめぐる政治教育の先頭に立ってきました。「女性の地位向上」という戦前から続く目標達成に活動の主眼をおく市川は、バラバラで、もろもろの対立やきしみを内包する四〇、五〇の婦人団体を、協力と連帯へと導く陰のコーディネーターでもありました。労働省の婦人少年局が、たびたび危機に瀕しながら、廃止をまぬがれてきたのも、市川を中心とするこうした婦人団体の連帯の圧力のおかげだったと見る人も多い。後述しますが、売春防止法の成立にしても、政党の別を超えた婦人議員の会の形成にしても、国際婦人年の行事にしても、重要な世話役としての市川の働きは見逃せません。戦後四〇年の日本人の歩みの中で、婦人の人権の尊重、責任ある市民としての在り方、地位の向上に市川が具体的に果した指導的役割は注目に値します。

戦後の日本社会で、市川房枝の存在の重要さを印した、もう一つの顕著な功績は、「政治と金」についての問題提起です。一九六〇年の日米安全保障条約をめぐる紛争の責任をとって退陣した岸内閣の後を継いだ池田勇人内閣の時代、一九六〇年一一月の総選挙における政治資金の流れを、市川自身が調査しました。この調査によって、「政治と金」についての現実的、かつ、斬新な問題提

婦人参政権行使 30 周年記念大会後のデモ行進をする市川房枝（中央）．
1976 年 4 月 10 日．［提供＝市川房枝記念会］

起が開始されたのでした。

この調査は、「総選挙と金――昭和三五年一一月総選挙に見る資金の流れ」と題して『朝日ジャーナル』（昭和三六年五月七日号）に発表されましたが、これは市川房枝にとっても、日本においても、最初の画期的な調査でした。この調査は、候補者の選挙費用、政党及び政治団体の選挙費用などにつき、実に詳細に、資金の数字にわたって、調べ上げており、莫大な金が動く現実をつきとめ、選挙の資金源が「財界」と「労組」とにあることを実証しています。そして、「会社、労組などすべての団体からの寄付を禁止し、政党および政治団体の資金は選挙費用をふくめて党員の党費によって支弁する体制を確立すべき」だといい、「それではじめて民主主義政治といい得る」のだとしめくくっています。市川のこの調査は、日本の選挙に動く金、より根本的には、今日、世人の深い関心となり、政治改革を求める声となっているところの、「政治と金」の問題、民主主義をおびやかしている根本問題としての腐敗の現実を、はじめて、国民の前に提起した歴史的快挙でした。

一九七三年九月、国際基督教大学の全学集会の講演に招かれたとき、市川の選んだ演題は、「政治と金」でした。彼女は、講演であれ、文章であれ、あらゆる機会をとらえて政治における莫大な金の動きを追及し、日本の政治の内包する問題を明示して、その浄化を訴えました。世人の反応・支持も高まり、金を使わない理想選挙によって市川は参議院にたびたび当選し(落選したこともありましたが)、一九七四年には青年たちに推されて、全国区で第二位に当選し、一九八〇年には八七歳の高齢で、全国区最高位で当選したことは、私どもの記憶にいまなお鮮明です。

女性の解放、女性の地位向上の課題、特に、婦人参政権の問題などについて、世人の関心も薄く、家庭婦人でさえもそのような運動を女らしくない「おとこおんな」の活動として批判的であり、拒否反応を示す人たちもあった戦前は、「猛者《もさ》」、「口から炎を吐く女」(「わたしの生き方」『クロワッサン』一九八〇年五月二〇日)といわれ、男も恐れをなして近づかなかったと自ら語る女性解放運動の闘士の市川房枝、この人が、晩年には有名なデザイナーの三宅一生からの申し出を受けて、三宅がどういう人かも知らずに洋服を作ってもらいました。その写真が『アサヒグラフ』に掲載されて、白髪のベスト・ドレッサーといわれ、自分の容姿の美しさなど考えたこともなかった彼女はおどろいたということです。深くきざまれた顔の皺も、年老いたための皺ではなく、一筋に生きた女の歴史を示す〝美しい皺〟(青島幸男)といわれました。女性解放運動、婦選運動を共にたたかった仲間からだけではなく、世代のかけ離れた、世の青年たちからも、カッコいいおばあさまと敬愛される老人となって世を去ったのは一九八一(昭和五六)年二月一一日、八七歳九カ月でした。これは、第一二回参院選全国区で第一位当選(一九八〇年六月二二日)し、「国連婦人の十年中間年日本大会」(同一一月二二日)開催の実行委員長をつとめた、その翌年でした。彼女のこうした〝美しい老人〟への開花は、一人の日本女性の生の軌跡として、まことに興味深いものがあります。

三　市川房枝は思想家だったか？――平塚らいてうとの協力と確執

市川房枝という人物は、実践的運動家であって思想家ではないとしばしばいわれてきました。そこで、まず、市川は〝思想家〟といえるか、という問いがあります。市川自身、自伝の中で次のように書いています。「私はもちろん思想家ではない。大正デモクラシーの洗礼を受けた自由主義者の一人で、きわめて現実主義の運動家であったようだ」(傍点―引用者)。

市川はなぜこのようないい方をしたのでしょうか。それを考えてみますと、平塚らいてうの批判に一因があるのではないかと推察されます。まず山田嘉吉・わか夫妻との出会い、山田夫妻を通しての平塚らいてうとの出会い、新婦人協会の結成をはじめ、市川の女性解放問題への具体的かかわり、平塚らいてうとの関係などからたどってみることにしましょう。

市川は、自伝やいくつかの随筆などにも書いているように、木曾川に沿った濃尾平野の尾張大根や赤芽の里芋の産地として知られる農村の出身ですが、子どもたちに対しては教育熱心な父親が、母親に対しては大変な暴君で、子どもが悪いことをしたり、成績が悪かったりしても、母親をまきでなぐったりしました。その苦しみに、「女に生まれてきたのが因果」と堪える母親の姿を見て、「なぜ女はそういうふうにしいたげられて、我慢して暮らさなければならないのか」という疑問がおこり、それが、その後の歩みの根底をなしたと思えるといっています。しかし、女性解放問題が、より自覚的になっていったのには、市川の在米中の兄の友人であった山田嘉吉の影響が考えられます。

山田嘉吉は当時、英語教師であり、その妻わかは評論家として、もろもろの抑圧に苦しむ女性たちの身の上相談などに活躍していました。山田家には、社会主義者や青鞜社の人たちをはじめ、いろいろな人たちが出入りしていました。一九一八年に上京した市川は山田夫妻を訪ね、下宿の世話をしてもらっており、さらに、勤めを始めた後には、毎日、出勤前に山田の私塾に通い、英語を学ぶことになりました。その時の教科書はスウェーデンの思想家エレン・ケイ(Ellen K. S. Key, 1849

-1926）の『恋愛と結婚』（英訳）でした。そこには、恋愛の自由、離婚の自由、女性の地位向上、児童の権利、そのための社会改造などが主張されていました。その影響もあり、市川は単なる女権主義には不満を抱き、人間としての男女平等の権利の獲得、女性の地位の向上を重視する女性解放論に立つものとなったと自ら語っています。平塚らいてうも、山田の塾で、エレン・ケイの女性解放思想、西洋の母性保護運動などを学んでいたのであり、市川が平塚に紹介されて個人的に交わる仲となったのは、山田夫妻の家でした。

一九一一（明治四四）年、青鞜社を結成し、機関誌『青鞜』を創刊した平塚らいてうたちの「新しい女」としての華々しい活動があったことは周知のところです。しかし、画学生奥村博史との恋愛、病気などで家庭にこもり、らいてうは青鞜社の活動から退き、一九一六年には『青鞜』は廃刊となっています。ところが、そのらいてうが、一九二〇（大正九）年三月、市川房枝、奥むめおらの協力をえて、全国的な市民婦人の団体「新婦人協会」を結成しました。その趣旨は、男女の機会均等、家庭の社会的意義の闡明、婦人・子どもの権利擁護などを追求することであり、機関誌『女性同盟』（一九二〇年一〇月創刊）を発行しました。新婦人協会の主たる活動は、婦人が政治的集会を開いたり、演説を聴くことを禁じた治安警察法第五条の改正を求める運動でした。彼女らは、花柳病の男子の結婚制限を訴える請願もしました。なお、治安警察法第五条改正の請願は、すでに、一九〇五年、今井歌子、堺ため子、川村春子らが衆議院に提出したが、否決されたという背景もあったのでした。

新婦人協会の機関誌『女性同盟』の初期の目次をみますと、第一号(一九二〇年一〇月)には、「女子教育家は婦人参政権を何と見るか」の特集が組まれており、多数の女学校の校長たちへのアンケートの回答が紹介されています。その中には、女子学院学監の三谷民子、東京女子高等師範学校校長の湯原元一、共立女子職業学校校長補の鳩山春子らの回答も含まれています。さらに、第二号(同年一一月)、第三号(同年一二月)には、「代議士は婦人参政権を何と見るか」のアンケートの回答が特集されています。新婦人協会の活動において婦人参政権問題に対する関心が深かったことがうかがえるのであり、市川房枝のその後の活動との関連において考えてみても興味深いものがあります。

新婦人協会の活動において、機関誌『女性同盟』の編集の仕事をはじめ、この協会の事務的な面をすべて引き受けていたのは市川でした。議会への請願や議員訪問、資金集めなどに奔走する一年半でしたが、この運動の反省とともに自らの進退などをも考えて、市川は、一九二一(大正一〇)年、協会の理事を辞任して渡米しました。勉強のためということもありましたが、同時に、読売新聞の特派員となって、シアトル、シカゴ、ニューヨークなどで婦人運動、労働運動などの実情を視察しました。この渡米中にワシントンにおいて全米婦人党の指導者アリス・ポールより参政権獲得運動の大切さを説かれ、これが、その後の市川の生き方に重要な指針を与えたようです。一九二四(大正一三)年に帰国した市川は四年ほどＩＬＯ東京支局に勤務しましたが、女性の政治参加を追求する運動の必要性を確信する立場から、ＩＬＯを退職、婦人参政権獲得運動に専念することとなります。

こうした市川房枝の渡米中に、平塚らいてうは、『婦人公論』誌上(一九二三年三月─七月号)に「新婦人協会の回顧」と題するエッセイを書きましたが、その中で新婦人協会の同志であった市川房枝の批判を書いた。平塚は今日風の表現をとれば、〝未婚の母〟の先駆者で、法律外の結婚を断行していたわけです。平塚の文章によると、市川はこれに対して批判的であったらしい。つまり、〝新しい女〟に対する理解がないと、らいてうはいうわけです。第二に、市川は、平塚の若い夫、奥村博史の生活態度についても批判的であったようです。なぜなら、らいてうの文章によると、年中借金取りにあやまり、弁解しながら、さらに高利貸から借金するという貧乏のさなかで、遊民的画家の奥村は、妻子の生活に責任をとろうとしない。しかも、彼の描いた絵が売れると、米屋の払いは無視して、自分が欲しいと思う高価なものを平気で買ってくるというエゴイストでした。市川は、このような奥村をけしからんと思うとともに、彼のわがまま、エゴイズムを許し過ぎる平塚にもいらいらしているようだったと平塚は書いています。

一方、平塚らいてうは、それが奥村の芸術的、貴族的生き方だと考えているのであって、奥村は生活のために労働するような人間ではないと、それをむしろ誇っています。そして、恋愛も結婚も知らず、「美について無感覚でいられる市川に分かるものか」と思っている。ここには、ともに女性の解放を追求してきた市川と平塚との間に、生活観につき根本的相違があったことが浮彫りにされています。貧しい農村でのつつましい生活の中で、勤勉に労働して一家の生活を堅実にささえあってきた生産者、市川の生活意識が顕著にみられるように思えます。

そのうえ、平塚家の女中のストライキを市川が煽動したと、らいてうはみており、さらに、平塚が新婦人協会のお金で自分の家を建てたとか、平塚一家の生活をも、新婦人協会が保障しているなどという世間の噂に対して、市川は、平塚のために弁明もしてくれなかったと、らいてうは書いています。家計だけでなく、新婦人協会の会計などに関しても、二人の考え方に相違があったことが、こうした平塚自身の文章からうかがえます。市川自身は、その問題に関しては何ごとも暴露していません。新婦人協会の事務、会計を一手に預かっていた市川には問題の所在が誰よりも明らかに見えていたことでしょう。おそらくこうした経験が背景にあってのゆえでしょうか、後日、婦選獲得同盟、有権者同盟などの責任をとるようになってからも、市川は会からサラリーはいっさいもらわず、講演や書きものなどで自らの生活はまかない、会の会計をガラス張りにすることを一貫して実行してきました。「金銭面を明確にしておくことはリーダーの鉄則」(「わたしの生き方」『クロワッサン』一九八〇年五月一〇日)にみられるように、この点の大切さを幾度も明記しています。ヴォランティア運動として婦選に献身してきた生き方とともに、組織の財政を清潔にすることの大切さを、上記のような平塚らいてうとの考え方、生き方の相違から確信するにいたったのではないかと推察されます。

第三に、平塚は、この『婦人公論』のエッセイにおいて、市川は思想家ではなく、個性も独創性もない人で、常識的、かつ、要領のいい事務家だといい、〝職業婦人〟の典型ともいうべき事業欲の強い現実主義者だといっています。ここには、職業婦人というものに対する一種の蔑視を平塚がもっていたようなひびきが感じとれます。

自分の渡米中に平塚の書いた、市川批判のこの文章を、後年になってはじめて読んだ市川は驚いたようです。さきにふれた自伝の中の「私は思想家ではなく、現実主義の運動家であったようだ」(傍点─引用者)の言葉は、彼女自身の謙遜な自覚によるかもしれませんが、平塚の上述のような批判の針が市川の胸に深く突きささっていたからかもしれないとも察せられます。

ここには、平塚らいてうと市川房枝との人柄や生活態度や人生観、考え方などの違いが出ていて、その対照が興味深い。しかし、それとは別に、市川房枝は思想家ではなく、個性も独創性もない、要領のいい事務家だという平塚の市川観については、果してそう断定できるか？　という疑問を私は覚えます。らいてうだけではなく、外にも、市川を実践的な運動家(あるいは、運動屋)ではあるが、思想家ではないという見方をする人が案外いるように思えます。もちろん、この問題は、〝思想家〟をどう定義するかにかかわることだともいえるでしょう。私には、観念的、抽象的な理論

（しばしば、その理論が、他人や外国の学者からの借りものの〝既製品〟である場合がある）を書いたり、述べたりする人が、必ずしも思想家とはいえないように思えます。具体的な状況や問題を分析的に理解し、それを理論化し、あるいは、それへの対応、その問題を解決するためのある行動、ないし、運動へと集団的活動を方向づけ得るような能力をもつ人は、立派な思想家だと私は考えます。

市川房枝の場合を考えるとき、彼女は、伝統主義的人間観が支配する日本社会において、女性を人間として解放し、男女平等の権利が保障される法的基礎を確立しなくてはならないという運動の目的と意義を明確に把握し、日本社会の実態と日本人の意識を鋭く洞察しながら、その本質を変革する運動の方向と方法を的確、かつ、具体的に指し示すことができた人でした。そして、不毛と思える状況の中でその運動に多くの同志を結集し、その闘いを風雪に耐えて先導し続けることのできる指導者でした。このようなことが、「強靱な思想家」でなくて、どうしてできようかと私は考えるものです。

四　大正デモクラシーにおける普選と婦選——キリスト者の影響と協力

市川房枝は「自分は大正デモクラシーの洗礼を受けた自由主義者」といい、「自由民権運動の中で明治の女性の政治的めざめが育まれたように、大正デモクラシーの波は、新婦人協会の成功に加えて、婦人参政権運動の前進に大きく力を貸した」(『日本婦人問題資料集成』第二巻、「政治」篇の解説)といっています。彼女は、どういう意味で大正デモクラシーの思想的系譜に立つか？　そして、大正デモクラシー運動の一つの成果としての「普選」(普通選挙)と「婦選」とのかかわりは？

大正デモクラシー運動は、キリスト者で政治学者(東京帝国大学教授)の吉野作造を中心に推進された民主主義運動であって、明治憲法の枠内においてではあっても、「人民による人民のための政治」、いいかえれば、「議会尊重主義」、および、すべての国民が選挙権を持つ「普通選挙の実現」を目ざす政治の民主化運動でした。当時、選挙権はある額の税金を納めている者に限られていて、男性でも、多くの一般人は選挙権が与えられていなかったのでした。このように、大正デモクラシーがかかげたすべての人民の政治参加の課題は、市川たちにとっては、新婦人協会の代表的活動の一つ、治安警察法第五条改正の請願運動の課題につながるものとして受けとめられていました。つまり、治警法第五条改正運動は、女性が政治を論じる会を主催し、また、政治演説を聴く自由、さらに、政治結社に加入する自由を求めるものであって、それは、まさに、参政権獲得をめざす運動へとつながるものでした。しかし、日本における普選運動の先導者と目された吉野作造の「普通選挙」運動においてさえも、「婦人の選挙権」の要求は含まれていなかったのでした。このことを考えるとき、市川たちの婦選運動は、ユニヴァーサル・サフレジ(全国民の選挙権)の民主主義的課題をさらに徹底して貫徹しようとするものだったといえます。

一九二五(大正一四)年、普選が実現した当時、市川たちの運動を支持していた穂積重遠が「普選の次は婦選」といった記事を新聞紙上に発表したことにふれ、市川は、「婦人参政権を略して「婦選」と呼んだのは先生(穂積—引用者)が最初であったと私達は了解している」と「婦選運動と男のシンパ」(『自由公論』一九四九年七月)の中で述べています。

第二に、大正デモクラシー運動は、吉野作造を中心として、彼の友人や弟子たち(内ヶ崎作三郎、鈴木文治ら)、キリスト教信者を中心に進められた民主主義運動ですが、市川房枝とキリスト教との関係について、ここでふれておきたいと思います。市川の「私の履歴書」(日本経済新聞社編・刊『私の履歴書』13、一九六一年七月)によると、三河岡崎市の第二師範女子部在学中、尊敬するO先生につれられて岡崎にある教会に出席したことがあるといい、後日、名古屋の文化人グループと交わるうち、その中にいた組合教会の牧師金子白夢の哲学の会に出席するようになり、受洗し、日曜学校の教師もしたことがあること、一九一六(大正五)年には御殿場におけるキリスト教夏季講座に参加したことなどを述べています。そして、この頃、一八八〇(明治一三)年に小崎弘道、植村正久らが創刊した明治期における代表的なキリスト教の総合雑誌『六合雑誌』(大正五年当時は、初期の思想的特質と異なり、内ヶ崎作三郎が主宰し、ユニテリアンの機関誌のようになっていた)に「不徹底なる良妻賢母主義」を投書しています。そのようなことが縁になったのでしょうか、市川が東京に移ってからは、芝園橋のユニテリアン教会に出席、一九一九(大正八)年には、日本における最初の労働組合である友愛会の婦人部の書記となり、婦人労働者大会開催のための準備的事務などにあたって働いていました。当時、友愛会は、ユニテリアン教会の建物の一室を借りて事務所としていたのですが、会長の鈴木文治も会計の松岡駒吉(後の衆議院議長)もキリスト教信者であって、ユニテリアン教会のメンバーでした。そして、彼らはみな、吉野作造を指導者とする大正デモクラシー運動の有力な活動家たちでした。彼女はこのユニテリアン教会において大正デモクラシーの指導者の一人の内ヶ崎作三郎(吉野の学生時代以来の友)、キリスト教社会主義者の安部磯雄(二人とも早稲田大学教授)、小説家の沖野岩三郎(市川は沖野に友愛会婦人部への就職をすすめられた)、大山郁夫(朝日新聞社論説委員、後、早稲田大学教授)、三並良(第一高等学校教授)等々、リベラルで、デモクラシーを信奉する思想家たちに親しく接する機会をもちました。こうした思想的交流を背景に、市川は「自分は大正デモクラシーの洗礼を受けた自由主義者」といえたのであろうと考えられます。その後、東京YWCAの志立タキ会長(福沢諭吉の娘)、エマ・カフマン(カナダ人キリスト者)、渡辺松子(総幹事)らキリスト者婦人たちとの交流も多かった。晩年、「キリスト教は通り抜けていまはどの宗教の信仰も持っていない」(「私の履歴書」)と書いていることは事実ですが、彼女の人間形成、思想形成にキリスト教の影響があったことは見逃せないように私には思えます。

なおこれは、大正デモクラシー・ヒューマニズムの思想の本質とは無関係ですが、それに付随して一部に流行した自由放任主義や〝文化的遊民〟の考え方や生き方は、はっきりと拒否する生活信条を市川は堅持していました。それは、既述のように、らいてうの夫、奥村博史への厳しい批判的態度(平塚らいてうの文章に表現された)にもよくうかがえるところです。

市川は、自伝、その他にも書いているように、木曾川に沿った濃尾平野の農村の出身です。「朝はさつま芋のお粥、昼食は割麦を沢山入れたまぜごはん、夕食はお米少々に大根や里芋を沢山入れた雑炊が常食だった」ということに示されるように、当時の農民に共通のつつましい食生活でした。市川は家事も農作業も手伝った。自分の骨組みが頑丈で肩が張っているのは、親ゆずりもあるが、この時代の労働のせいでもあるといい、手や指が節くれだっていて今も消えないと書いています。

大正デモクラシーとか、ヒューマニズムというと、都会のインテリ的ひ弱さを連想することが多いし、事実、大正デモクラシー運動を中心的に担った人々は大学生やインテリが多く、労働者も参加したとはいえ、農民層にまでひろく浸透するものとはならなかったように思えます。しかし、市川は、上述のような農民的生産者の質素でつつましい生活感覚と勤勉さとを生涯失わない、「土の匂いのするデモクラット」だったといっていいと思います。

戦時中、東京近郊の川口村に疎開したとき、村に着くとすぐに土地を借り入れ、四、五十種類の野菜の種子を蒔いたということです。また、公職追放中に住まっていた千駄ケ谷の住居では、焼跡を開墾して野菜をつくり、また、アヒルやウサギを飼っていました。(ついでながら付記しておきたいことは、この焼跡の四九坪の土地は、以前から婦選運動の支持者であった新宿中村屋の主人相馬黒光夫人が市川に戦後ひそかに贈ったものです。「内密にとのことで、夫人の逝去されるまでは口外しなかった」と、「婦選会館報告」第一号、一九六一年一一月に市川は書いている。）

以上でも明らかなように、市川は、思想的にはキリスト者を中心とする大正デモクラシーの思想家たちの影響を受け、普通の国民すべてが政治に参加する「人民による人民のための政治」としての議会主義を尊重するとともに、それの実現のための普通選挙の重要さを確信しました。しかし、男性の選挙権のみを先ず運動目標とする男性デモクラットたちの「普選」運動が国民の他の半分を占める女性の選挙権の問題を欠落させている時、大正デモクラシーの課題をさらに徹底して貫徹させてゆくために「婦選」と取組むことが必至となったと思えます。市川房枝において大正デモクラシーにおける「普選」と「婦選」が一つの課題となっていったことが重要だと考えさせられます。

具体的活動としては、さきにもふれたように、新婦人協会の機関誌『女性同盟』（一九二〇年一〇月、一一月、一二月）が婦人参政権について教育界や代議士の意見をアンケートで求め、特集していることにも見られるように、市川も早くより婦人参政権の問題に関心を持っていたことは事実です。しかし「婦人参政権」をうたった婦人運動の組織としては、基督教婦人矯風会の「日本婦人参政権協会」が最初であり、この運動は、そこから始まったのでした。それは、久布白落実を中心として一九二一（大正一〇）年七月に創始されたのですが、これが婦人参政同盟などと大同団結するとき、市川房枝に中心になってこの運動を推進して欲しいと、久布白たちから要請されたのでした。そのような経緯をもって一九二四(大正一三)年一二月一三日、婦人参政権獲得期成同盟(後に婦選獲得同盟と改称)が創立された時に、市川は参加したのであって、それ以来、市川は婦選運動に専念することとなりました。そういう意味で、市川は婦選運動を既に開始していた先輩のキリスト者久布白落実(基督教婦人矯風会の創設者・矢嶋楫子の姪である音羽子と牧師大久保真次郎夫妻の娘で、矯風会における矢嶋の後継者)の要請と招きによって、組織としての婦選獲得同盟の責任をうけ持ったことになったわけです。久布白は市川にとってよき先輩であるとともに同志的間柄でした。

数年後、矯風会が独自の運動をするとのことで、久布白を返して欲しいと申し入れた一件もありました。市川自身の書いているところによると、酒やたばこを平気でのむ人たちとは一緒にやれないという意見もあったようです。自分も多少酒やたばこをのむので、これも批判されたらしいと市川は書いています。禁酒、禁煙をかかげてモラルの浄化運動を推進してきた当時の矯風会としてはやむをえない対応であったのかもしれません。ついでながら、一九五六年五月二一日の「売春防止法」の成立にまでこぎつける闘いも、日本における廃娼運動を含む一夫一婦の家庭形成を目ざす運動を明治二〇年代より一貫しておし進めてきた基督教婦人矯風会の創立以来の闘いが背景にありました。矢嶋楫子らより久布白落実らにつながる長年の努力に市川房枝らも協力したことを通しての成果だったといえるでしょう。

また、さきにも短くふれましたが、キリスト者で東京YWCAのエマ・カフマンも市川の運動の支持者でした。後述しますが、戦時中、大日本言論報国会の理事だったことにより、市川は、敗戦直後、公職追放になりました。そのとき、それを不当として占領軍総司令部(GHQ)当局に市川のために弁護の手紙を書いた人々のうちの一人にカフマンもいました。それを市川は晩年にいたるまで感謝をもって覚え、語っていました。また、同じく東京YWCAの渡辺松子との親交・協力も晩年まで続いていました。

市川房枝の思想と行動をたどるとき、プロテスタントのキリスト者たちからの影響、協力、支援が驚くほど多かったことが明らかになり、興味深く思えます。近代日本の形成過程において、〝人格としての人間〟の尊重、その人権無視の人間観や社会のしくみ、家庭や社会における非人間的な女性の地位などを問題にし、その克服を追求してきたプロテスタントのキリスト者たちにとって、市川房枝は「婦選」という一つの課題に集中して、共通の女性解放の課題と取組む一人の同志だったといえるのではないかと考えさせられます。

五　議会主義に徹した婦人運動

市川房枝は、民間運動としての「婦選獲得同盟」、戦後、婦人が参政権を獲得したのちの「日本婦人有権者同盟」の時代から、さらに、参議院議員に当選し、自ら政治家として国会活動に参加した時代へと一貫して議会主義に立って女性の権利と地位の向上、政治の浄化等につとめてきました。

市川は、「平塚らいてう氏と私」(『婦選』一九三〇年九月号)と題する文章において婦人運動には女権運動と母性(女性)運動と社会主義的運動と三つがあったといっています。そして、「平塚さんはスウェーデンのエレン・ケイの思想の影響を受けており、女性運動の立場です。私は教師をしていた経験などから、女が差別されていることに対する憤慨から出発したんですが……平塚さんの立場でも結構だと思っていた……ただ平塚さんはエリートの家庭に育った書斎派ですから、社会的な運動というのは初めてだったんです」といい、平塚が会の事務的運営や機関誌の編集などということには不向きでルーズだったらしいことを述べたあと、「平塚さんは、私の激しいやり方に疲れてしまって、ついていけない、あるいはむしろそういうやり方を軽蔑するという考え方でした。まあ、私自身も最後は少しくたびれてしまったんですが……」といって、上述の、市川の渡米中に『婦人公論』に発表した平塚の「新婦人協会の回顧」にふれています。しかし、平塚と市川との違いは思想的対立ではなかったようです。

そこで、「思想的対立といえば、山川菊栄さんがベーベルの影響を受けて社会主義的立場でしたが、新婦人協会はこっぴどくやっつけられました。あんなくだらない議員どもに頭を下げて……といってえらく悪口を言われましたね」といっていますが、社会主義者の婦人解放運動と市川との関係、いいかえれば、女性解放運動における社会主義者と議会主義者との間の対立は、それぞれの理念と方法論における相違の問題として興味深いとともに重要です。博文館から出版されていた当時の日本における代表的総合雑誌『太陽』(一九二一年七月号)に山川菊栄が書いた「新婦人協会と赤瀾会」に始まり、社会主義者の山川と新婦人協会を代表する奥むめおとの間に論争が展開されました。

ここで、明治末年より大正期に至る時期の雑誌『太陽』についてちょっとふれておこうと思いますが、早稲田大学教授で歴史家の浮田和民が大学教育のかたわら、一九〇九(明治四二)年より一九一九(大正八)年の期間、『太陽』の主幹をつとめ、毎号に時事評論を担当し、論陣をはっていました。当時、博文館は日本の出版界の王者的存在でした。その代表的雑誌『太陽』の主幹への就任を求められた浮田は、吉野作造も書いているように、大正デモクラシーへの道を準備したリベラリズム、デモクラシーを骨とする思想家でしたが、浮田が就任を承諾するに際し、博文館主、および館員一同に対して自分の主張を箇条書きにしてしたため、それを『太陽』の主義・方針とすることの同意が得られるならば就任してもよいと条件をつけました。その箇条の中に、選挙制度の改正(民主主義)や私学の振興、信用される経済発展等々とともに「女子教育の振興」があげられていました。女性の教育、その解放と地位の向上は、浮田和民が主幹に就任して以来、雑誌『太陽』の重要な関心事の一つでした。既に、一九一八年の『太陽』(九月号)において与謝野晶子、平塚らいてう、山田わかの「母性保護論争」がとり上げられていました。市川房枝らの陣営と山川菊栄らとの論争はこうした背景をもつ『太陽』誌上で行われたのでした。

奥むめおの「私どもの主張と立場——山川菊栄氏の『新婦人協会と赤瀾会』を読みて」(『太陽』一

九二一年八月号)、山川菊栄の「無産婦人の立場から」(『太陽』一九二二年一〇月号)などを通して両者は論戦を闘わせています。

山川菊栄は、新婦人協会に対する批判を開始した「新婦人協会と赤瀾会」と題する論文において、資本主義、および、議会主義を否定し、社会主義、マルキシズムのイデオロギーに立たねば婦人の解放はできないと主張する。そして、山川は「青鞜一派の運動は、日本の婦人が、その資本主義の発展に伴うて、始めてブルジョアの自由主義の洗礼に浴した一段階であった。ただ青鞜派の運動が、欧米の女権運動の如く、実際的、戦闘的、組織的な形を執らず、飽くまでも空想的、遊戯的、個人的な、気まぐれな反抗に終始し」、かつ、それすらも長続きせずに終ってしまったのは、「腕一本で食べる必要に迫られている婦人達の、教育や職業における機会均等の叫びではなくて、享楽のための、あそびのための機会均等の叫び」だったからだといっています。

そして、平塚らいてう個人に対しても、「日本婦人界の第一人者と立てられた平塚明子氏の如きも、……何等の明白な確乎たる社会観にも基かず、ブルジョア一流のセンチメンタリズムを以て、ただ漫然と「婦人と子供の権利」を主張している」だけだ、他の人たちは彼女の助手ぐらいのものだと、なかなかしんらつです。

このように平塚たちを批判する社会主義者・山川菊栄の市川房枝観は多少異なっているのは興味深い。市川は貴族主義、独善主義の平塚と違って真面目な実際家との風評であるが、議会主義にとどまっている以上は駄目だ。アメリカから帰国後は無産主義の解放運動に参加してほしいと期待を表明、議会主義から社会主義への移行をさそっています。

ところが、市川は社会主義のイデオロギーはとらないと言明しました。そして、自伝の中でも、自分は女権主義も母権主義もイデオロギーもなく、一途に婦人の地位向上、権利の獲得を望んで邁進したと書いています。しかし、後には山川菊栄らももう少し広い立場に立つようになったようであり、こうした論争の相手、ことに、市川房枝らには、山川が初代局長をつとめた労働省婦人少年局の活動を支持され、その存続をめぐっても、市川を中心的指導者とする諸々の婦人団体の団結によって、幾度か廃止の危機に直面した婦人少年局の存在を守られることとなりました。このことにも示されるように、戦後日本の女性の地位向上のために、市川も山川もともに協力する関係にたちいたったように見受けられます。

さて、市川房枝の議会主義についてですが、社会主義者たちから無恥、無節操な政党者流に協力を求めたりするのは、醜悪、愚劣だと批判されても、市川は議会主義を堅持しました。治安警察法第五条改正運動(新婦人協会)の場合も、後の婦選獲得運動の場合も、終始、婦人の公民権、参政権を合法的に議会に承認させるための訴えを忍耐強く続けています。婦選運動が「口から炎を吐く女」などと、世のあざけりを受ける中で、この運動の意義を理解し、協力してくれそうな男性の学者、国会議員などに熱心に説いてまわり、協力を求め、市川は男性の共鳴者、協力者をつぎつぎにつくって行きました。その中には安部磯雄、森鷗外、沢柳政太郎、内田魯庵、穂積重遠、星島二郎らがいました。

美濃部達吉が一九三五(昭和一〇)年、元陸軍中将の右翼主義者で、貴族院議員の菊池武郎や右翼ラディカルの蓑田胸喜らの攻撃によって始められた「天皇機関説事件」において、国体に反する「学匪」と呼ばれ、日本政府から彼の憲法学説が国体観念に適合しないものとして公的に禁止され、貴族院議員をも辞任せざるを得ない苦境に立たせられたとき、美濃部博士に対する支持を表明するために、右翼たちの眼がひかっている中を、美濃部の家まで市川はお見舞いに行っています。

また、大正デモクラシーの一翼を担って政党内閣の確立、普通選挙の断行、貴族院の改革などの要求を含む憲政擁護運動(護憲運動)を推進した尾崎行雄(咢堂)が、憲政の功労者として表彰されたときには、市川は、逗子までお祝いに行っています。暗い谷間の時期にあって、議会を中心とする民主主義政治の健全な発展のために苦労する人たちへの同志的協力を、彼女の側も決しておろそかにはしていないのでした。

市川たちのこうした婦選獲得運動は、合法的に女性の参政権やその他、女性の諸権利を国会に認めさせようと、忍耐強く、何年も何年もかけて努力し、憲法を改正させるところまでこぎつけた英米の婦人参政権獲得運動と軌を一にするものであることが興味深いと思います。また、それは、アリス・ポールらから「婦人参政権」の重要さを説かれたことがあるにせよ、大正デモクラシー運動、護憲運動などに培われてきた彼女の思想の本質にかかわるものだったのではないかと考えさせられます。

六　戦時下の市川、戦後の公職追放

敗戦後、一九四七(昭和二二)年三月二四日、市川房枝は、戦時下に「大日本言論報国会」の理事であったことが理由で公職追放となりました。そして、一九四五(昭和二〇)年一一月三日に創立したばかりの新日本婦人同盟の会長を辞任せざるを得ないこととなりました(一九五〇年一〇月一三日追放解除)。これが誰かの中傷によるのではないかといった噂もありましたが、そういう問題はさておき、第二次大戦中、新体制運動の台頭から、時局の進展に伴う婦選獲得同盟の解消、そして、大日本言論報国会の理事就任などにいたる時期の市川の歩みをたどっておきたいと思います。

『市川房枝自伝』(一九七四年、新宿書房)の中の「新体制運動の台頭と婦人組織案」の項をみますと、一九四〇(昭和一五)年六月二四日、近衛文麿が枢密院議長を辞任し、新体制運動推進の決意を表明、同七月二二日には第二次近衛内閣が成立、社会大衆党、政友会、国民同盟、民政党など、すべての政党が解党し、大政翼賛会が成立する(一九四〇年一〇月)という現実を前に、いいかえれば、議会政治をあのように重視してきた市川が、政党解消、すなわち、「議会政治」にとって重要な「政党」の解消という深刻な事態に対して、危機感を抱いているようには見受けられません。それよりは、新体制運動が、国民の半数を占める婦人を忘れて、男性のみによって担われることを不満とし、市川らが進めてきた婦人時局研究会による「国民組織としての婦人組織大綱試案」を発表しています。そして、愛国婦人会、国防婦人会が解消し、「婦人奉公会」という新組織をつくる動きが報道(九月一二日)される中で、市川は、一九四〇年九月二一日には、婦選獲得同盟の解散を決定するための臨時総会を開いています。深刻な顔で「おとむらいに来ました」という会員もいる参会者たちを前に総務理事市川房枝は明るい表情であいさつをしたということです。『女性展望』一〇月号における藤田たきの「婦選解消の臨時総会の記」には次のような記述がみられます。

「……この春支那(中国)に旅して帰った市川さんは、日支事変の解決、東亜新秩序建設が如何に至難な大事業であるかを痛感させられたのだ。そして聡明な市川さんは、この難局打開のためには国内新体制が一日も早く樹立されねばならぬことをいち早くみてとり、婦人も亦この体制に順応する必要を痛感した。婦人団体の統合、婦人組織の問題等々に関し、市川さんは自分のなさねばならぬ義務を思い、心重い日々を過したのであった。婦選解消、婦人時局研究会への参加が決定せられた日、市川さんは「これで安心した。なすべき義務を果した」と洩らされた。今日の市川さんは元気で朗かな訳である。会員も之で大安心。婦選獲得同盟は今や発展的解消をとげ、時局に順応して輝やかしい第一歩を踏み出さんとしているのだ。……」

婦選獲得同盟の解消に対して批判の眼をむけている者もいました。その一例は、かつての仲間、奥むめおの『婦人運動』(一九四〇年九月一日号)の「婦選獲得同盟の解消」と題する次のような記事です。

「十六年の歴史を持つ同会は、新政治体制運動に呼応して婦人団体総解消の先鞭をつける意味で率先解消。婦人が政治的平等権を獲得する必要は、今日も少しも無くなっていないし、婦人の国策への協力の著しい今日こそ、一層そのために闘わねばならぬ必要を痛感せられるとき、この挙のあるは感慨深いことですが、同会は創立当初の目的からは次第に外れて、年々婦人による傍系の国策宣伝係に転化しつつあったことですから、この限りに於ては解消は当然というべきでありましたろう。」

また、週刊『婦女新聞』(一九四〇年九月一日)も、「婦人界も新体制へ、婦選獲得同盟先ず解散、直に他の団体へも呼びかけ」と題して、「新体制へ！新体制へ！……そのトップを切って我婦人運動史に特記すべき功績を残した婦選獲得同盟が、十六年の歴史を捨て、解散、婦人界の新体制樹立へ第一歩を踏み出すこととなった……」と報じています。

市川房枝としては、主観的には「国策宣伝」などというよりは、おそらく、日中戦争の早期解決に必要と考えての婦選同盟の解散だったろうと推察されます。そして、同盟解消後、その会員を新たに組織した「婦人時局研究会」(幹事長は市川房枝)に受け入れ、新しい構想での再出発を目ざしています。しかし、その「運動方針」の第一には、「大政翼賛運動における婦人の任務を闡明し、これが完遂に努力する事」がかかげられています。そして、一九四〇年一二月から一九四一年一月にかけて政府・官庁で愛国婦人会、大日本国防婦人会、大日本連合婦人会などの統合を言明しながらそれが進捗しない状況をみて、市川は、星野直樹国務大臣夫人、および、東条英機陸軍大臣夫人などを訪問するなどして、婦人団体の統合を早く進めるよう訴えた——ということを彼女自ら自伝の中に記録しています。このようなことから、市川が婦人諸団体が翼賛運動推進のために統合されることに非常に熱心であったことが察せられます。

一九四一年一二月八日、真珠湾攻撃により太平洋戦争が勃発、軍部による指導が大政翼賛会にも更に強化される中、一九四二年二月には「大日本婦人会」が結成されている。この新婦人団体の発起人には愛婦、国婦、連婦の三団体の代表の外に、羽仁説子、河崎なつ、竹内茂代、村岡花子、安井哲、山高(金子)しげり等の名も入っているところから推察すると、民間の婦人団体や教育機関などの指導者たちもこうした統合によびかけられ、程度の差はあれ、協力的であったことがうかがえます。会長、副会長、顧問、理事等の役員、及び、二〇〇名におよぶ審議員の指名があり、市川は審議員の一人に加えられました。市川を加えることに対し陸軍側の強い拒否反応があったが、この統合に関してある程度資料などを提供し、協力したことにより厚生省が努力した結果のようだったと市川は述べています。戦時下、各種国民運動が大政翼賛会の傘下に入れられることになり、「大日本婦人会」の事務、指導は、大日本産業報国会、農業報国聯盟、大日本青少年団等々と同様に、大政翼賛会に委譲されることとなり、補助金も翼賛会が統一して取扱うこととなりました。

以上が、翼賛運動が推進されていく中での市川房枝の行動と婦人団体を含む国民諸団体が統合されてゆく状況の客観的スケッチです。彼女が「大日本言論報国会」の理事に就任するのはその後のことです。

戦争が激化する中、一九四二年一一月二〇日、台湾の皇民奉公会からの招きで約一カ月半、市川は台湾全島をまわり、約四〇回の座談会や講演会に出席し、一九四三年一月五日帰京しました。この台湾訪問中の一九四二年一二月二三日、「大日本言論報国会」の設立総会が開かれ、徳富蘇峰が会長に就任、市川は理事の一人に加えられたということを、台湾の新聞で知ったと市川は自伝に書いています。このことが戦後の公職追放の原因となったというわけです。

ここで市川が婦人経済研究会のためにいろいろ指導や情報を得ていた「東洋経済新報社」と「日本評論家協会」と「大日本言論報国会」との関係を明らかにしておく必要があると考えます。なぜならば、市川は、「日本評論家協会」は一九四二(昭和一七)年の春ごろ、「東洋経済新報社」を中心に組織されたのであり、この「日本評論家協会」を「親団体」として改組し、「大日本言論報国会」が結成されたように書いている(『自伝』五六五―五六六頁)からです。しかし、ここには多少の混同と事実認識の誤りが市川にあったように思われます。

東洋経済新報社の社史編纂の責任者、山口正氏に確かめたところによると、日本評論家協会は、市川が「一九四二年」と書いているよりは、ずっと早く、一九三八(昭和一三)年一二月二日に発起人会が持たれ、一九三九(昭和一四)年二月二二日に創立総会が開催されています。日中戦争勃発の翌年というこの時期には、事態を憂える思想家、評論家たちが、国家総動員法が公布された状況において、政府の言論統制の方針のゆくえをさぐることと、切迫する思想的危機の中で評論家たちの横の連帯の必要性を痛感したことなどによる協会の結成でした。創立総会は東洋経済新報社を会場として開かれた関係から同社主幹の石橋湛山が議長をつとめ、杉森孝次郎(早大教授)が挨拶、三木清が経過報告を行いました。三木清の「評論家協会について――その仕事と時局性」(『読売新聞』夕刊、一九三八年一二月一〇日)によると、政治・経済・外交などの領域の評論家たちが、政府、官僚、軍部、財界などの情報を知り、意見をきく必要があること、また、評論家側の与論ともいうべきものを当局に伝えることの必要性などが評論家協会の活動に含まれていると述べています(『三木清全集』岩波書店、第一五巻、三二六―三二八頁)。しかしながら、日本評論家協会は、市川が書いているように、東洋経済新報社が中心となって組織したものではなく、また、この数年の間にその担い手もあじさいの色の変化のように変って行きました。さらに、太平洋戦争が勃発、大政翼賛会に対する軍部の指導が強まる一九四二(昭和一七)年一二月、「大日本言論報国会」の形成にあたって東洋経済新報社がイニシアティヴをとってかわったという形跡は全然ないとのことです。一九四一(昭和一六)年に同社社長に就任した石橋湛山は、「大日本言論報国会」には、つきあいで賛助会費を払う程度の「賛助会々員」になっただけで「理事」には就任していません。石橋湛山が戦後、公職追放(一九四七年五月八日)になったのは、占領下、大蔵大臣として、ＧＨＱの経済政策に反対したことによっています。この点、協会の担い手も変ってきた一九四二年段階の日本評論家協会から右翼思想家、津久井達雄らと共に「大日本言論報国会」の理事(女性は彼女一人)になった市川とは、かかわり方が異なっています。(いうまでもなく、私は、占領下での「公職追放」を価値判断の基準にしているのではありません。)

一九三〇年代、市川房枝は、経済の勉強のため、婦人経済研究会を組織し、東洋経済新報社に協力を求め、たびたび同社を訪ねており、同社は社員、石原(西)清子にその研究会の事務を、一九三九年八月頃まで手伝わせていたようであり、石橋湛山は市川たち女性の経済問題研究活動への協力は惜しまなかったことがうかがえます。そういう意味で、市川が東洋経済新報社と近い関係にあったことは事実です。

以上の事実関係をふまえて推察されることは、一九三八年頃から当時の知識人たちが、当局の言論統制の政策のゆくえをさぐる意味でも、言論の自由がどこまで守れるかの防御対策としても、横の連帯の組織化を進めていたことは事実ですが、一九四〇(昭和一五)年一〇月、第二次近衛内閣の下で新体制運動推進のため大政翼賛会が結成された頃から、リベラルな言論人たちの警戒心はだんだんに強まってゆくことが感じとれます。たとえば、一九四〇年、救世軍がスパイ容疑で憲兵隊の捜査を受け、山室軍平の名著『平民の福音』(明治三二年)が発行禁止を命じられ(その間、山室は死去)、さらに、その紙型が警視庁へ没収されるという弾圧に対して、痛憤した文章を、清沢洌は『東洋経済新報』に書き、山室軍平への弔辞としています。清沢らは、軍国主義推進の戦争犯罪者的存在として、徳富蘇峰に的をしぼった論説を書いていました。近衛文麿のブレーン集団であった昭和研究会さえも、軍部ファシズムの新体制への協力を拒否して、一九四〇年一一月一九日には解散しています(風見章、後藤文夫ら数名は翼賛会の中心に位置を占めることになりましたが)。

ところが、当時の市川房枝は、以上のような時局の進展にあまり深い警戒心を抱いてはいなかったのではないかという印象を受けます。婦選獲得同盟の解散、婦人時局研究会への転進にしても、むしろ楽観的とも見られる側面がなくはない。社会のあらゆる領域に女性が積極的にかかわってゆくことの大切さに関心がむくあまり、大政翼賛会のみならず、国民諸団体に対する当局(軍部主導の)の指導強化の動きの中で、当時のリベラルな思想家たちの警戒的な対応のデリケートな変化をも、市川は、あまり的確には認識していなかったのではないか。自分たちが近親感をもっている「東洋経済新報社」を中心として「日本評論家協会」が結成され、それを「親団体」として、「大日本言論報国会」が形成されていったかのように考えていたことが、一九七四年に出版された『市川房枝自伝』の記述からも明らかにうかがえます。従って好戦的イデオローグの徳富蘇峰を会長とする「大日本言論報国会」の理事に就任することにも抵抗がなかったのではないかと推察されます。

そして、「新聞に出ていないニュースが聞けたので、隔月くらいに開かれた理事会にはなるべく出席、だまってきいていた」(五六六頁)と淡々と書いています。

軍国主義的ファシズムの支配するきびしい思想状況の中で、人間の尊厳、思想の自由を守ろうとする人々にとって、どのような姿勢をとって対応すべきかは非常にむつかしい問題でした。ましてや、女性の権利と地位の向上を一歩でも二歩でも前進させようと努める運動の舵とりにあたる責任者にとっては、時としては、「へびのように賢く」(「マタイによる福音書」第一〇章一六節)というような深慮が必要だったろうことも充分に推察できます。今日のように権力による思想的強制のない時代に生きる私どもが、軽々に断じられることではないことは肝に銘じていなければならないことです。しかし、戦時下の市川房枝の思想と行動と、戦後の公職追放との関連にかかわる事実はできるだけ正確におさえておくことも必要ではないかと考えさせられる次第であります。

七　政治の浄化、『日本婦人問題資料集成』

戦後、市川房枝が、婦人有権者がいかに政治に対して責任を果すかの実践的課題、政治教育につくしたことは周知のことですが、上述のように一九六〇(昭和三五)年一一月の総選挙における資金の流れを詳細にあとづけた「選挙と金」の調査(『朝日ジャーナル』に発表)を嚆矢《こうし》として、政治資金、「政治と金」の問題に日本の政治の腐敗の根源があることを誰よりも先に指摘して世論の喚起をうながしました。これは議会政治浄化のための女性の立場からの重要な問題提起と警鐘となりました。一九五三(昭和二八)年、参院選に東京地方区から立候補した市川は、トラックや拡声器をつかわず、政見放送と立会演説会のみという「理想選挙」で二位に当選したのを皮切りに、一九八〇(昭和五五)年、八七歳で第一二回参院選全国区で第一位当選するまでの期間(その間、一九七一年には落選している)、参議院を「良識の府」とするために参議院の政党化を防ぎ、議員として無所属中立の学識経験者をふやすことに努力しました。

それとともに、市川は、参議院本会議で歴代総理に重要な問題をめぐって大胆、率直に質疑を行っています。それは、二、三の例をあげれば、吉田茂総理に対し「スト規制法案について」(一九五三年八月五日)、鳩山一郎総理に対し「小選挙区制法案について」(一九五六年三月二八日)、岸信介総理に対し「施政方針演説に対して」(一九五七年一一月二日)、同じく池田勇人総理に対し「所信表明演説に対して」(一九六〇年一二月一三日)、佐藤栄作総理に対し「政治資金規制法案について」(一九六七年七月一〇日)といったぐあいであり、鋭く食いさがっています。議会制民主主義の浄化と健全化への努力を国会の内側から執拗、かつ、熱心に行っていることは注目に値します。ことに、「売春防止法制定」(一九五五年五月二四日公布)一〇周年に際して、一九六六年三月一九日には、この法律が一〇年間いわゆるざる法のままほうっておかれたので、新しい管理売春の形態が方々に広がって、赤線がすでに復活されているという、なげかわしい状況になっていることを述べたあと、市川は、

「きょうはひとつ関係の各大臣から、売春防止法を廃止して赤線を復活することに賛成か反対か、どんなつもりで法の施行に当っておいでになるのか、うかがいたいと思います」といい、石井光次郎法相、鈴木善幸厚相、永山忠則公安委員長、中村梅吉文部大臣、高辻正己法制局長官、及び、佐藤栄作総理ら一人ひとりに回答を迫っており、一人ひとりが「赤線復活のごときは断じて考えていない」「そのような意思は政府には決してない」などと、政府としての「決意」を述べさせられています。これは、市川の国会におけるファイトにみちた活動の姿の片鱗を象徴的に示すものです。これらの記録は市川の『私の政治小論』(秋元書房、一九七二年)などにも収録されています。

最後に、市川房枝の思想と行動をめぐり、付記しておきたいことは、一九七七(昭和五二)年より一九七八(昭和五三)年にかけて、『日本婦人問題資料集成』(ドメス出版)の第一巻「人権」篇、および、第二巻「政治」篇の編集と解説を担当し、完成していることです。出版の順序から見ると、第二巻「政治」篇(一九七七年)が先に出ていますが、この「政治」篇の編集・解説を担当するにあたり、市川はその「序」に次のように書いています。政治は当然「婦人参政権」の問題である。自分は、戦前は婦人参政権運動に関係してきたし、戦後、婦人参政権が実現したあと、婦人の政治教育に、また、国会議員として、引続きこの問題に深い関係をもってきた。従って、資料も手許にあり、まだ記憶もはっきり残っているから、どんなに忙しくとも私に責任があると考えてお引受けしたと。そして、この政治篇(一九七七年)は、出版後、中堅歴史学者、その他の方から「今までみたこともない資料がたくさん集められている」とおほめの言葉をいただいたと市川自身も、「人権」篇（一九七八年）の「序」に述べているように、まさに市川ならではの貴重な資料の集成です。

その内容は、次の通りです。

第一部　明治初期の婦人参政権問題
第二部　婦人の政治活動の禁止とその解禁運動
第三部　婦人参政権獲得運動
第四部　婦選運動の一環として行われた婦人の市民運動
第五部　戦時下の婦人
第六部　戦後の民主化と婦人の政治参加
第七部　戦後の婦人団体の主な政治的活動

女性の政治的権利確立のために、この問題と生涯をかけて取組んできた市川房枝でなければなし得ない問題のおさえ方が顕著であるとともに、それにかかわる重要な資料が個人の論文やエッセイ、新聞記事、新聞・雑誌の論説・社説、婦人団体自体の調査や声明書、請願書、役所の資料等々にわたって綿密に選び出されて編集されており、市川房枝が適切な解説を付しています。これは資料自らが語る運動の生々しい記録であるとともに、研究資料としても実に重要です。

なお、市川は、この政治に関する資料の集成を終って感じることとして、明治時代から婦人の政治への参加を要求し、そのために闘ってきた人たちの努力を伝えるために、そして、特に、今の若い婦人たちに、一票は自然に、簡単に与えられたものではないことを知ってもらうために、面白く読める「婦人参政権運動小史」がほしいと述べています。

次に、『日本婦人問題資料集成』の第一巻のテーマは「人権」ですが、市川は、「婦人の人権」として最も重要な問題は「売春問題」だといい、日本における公娼制度の確立から廃娼運動による闘い、戦後の売春防止法の制定・施行までのプロセスをくわしくたどっています。そして、それを、世界的視野における人権思想の法的保障、憲章や宣言等の展開の中に位置づけてとらえるという構想で編集しています。

第一巻「人権」篇(一九七八年)の内容は次の通りです。

第一篇　婦人の人権に関する諸法令及び事例・判例

第一部　婦人の人権に関する現行の国際条約・宣言・勧告等

ここでは国際連合(ＵＮ)、国際労働機関(ＩＬＯ)、教育科学文化機関(ＵＮＥＳＣＯ)、世界保健機関(ＷＨＯ)、アジア太平洋経済社会委員会(ＥＳＣＡＰ)等の憲章などが収録されている。

第二部　婦人の人権に関係ある主な現行の国内法及び行政等

第三部　婦人の人権侵害に関する事例及び判例

第二篇　売春問題
　第四部　公娼制度確立への過程とキリスト者の抵抗運動
　第五部　公娼制度とのたたかい
　第六部　廃娼運動のたかまりと戦争による挫折
　第七部　戦後の混乱から売春防止法の制定・施行へ

この巻が、「国際憲章」、「世界人権宣言」、「人身売買及び他人の売春からの搾取の禁止に関する条約」等々、国際社会に確立している婦人の人権に関する憲章、条約、宣言、勧告などが秩序立てて収録されていることは重要です。そして、具体的にはわが国における「売春問題」、ことに公娼制度との取組みの経過などが重要な諸資料をもって示されています。日本基督教婦人矯風会関係の諸々の請願、陳情書などとともに、植木枝盛、モルフィー、山室軍平、木下尚江、久布白落実等々多数の関係者たちの重要な文章が収録されていますが、第二次大戦中の問題の中の一つを例にとってみても、今日、大きな国家的、国民的責任問題として自覚されつつある「従軍慰安婦」の問題については、市川は、彼女も代表の一人となっていた「売春問題ととりくむ会」の事務局長、高橋喜久江氏(日本基督教婦人矯風会の職員)の協力をえて資料を呈示し、この問題の所在を既に鋭くとらえています。市川房枝の解説の一部に次のようなことが書きとどめられています。

「従軍慰安婦については近年いく冊かの著書が出版されている。それらに先鞭をつけた千田夏光『従軍慰安婦』によれば、シベリア出兵時に、性病の蔓延に困った陸軍当局がその防御対策として従軍慰安婦の制度を思いつき、初めは軍直轄で、のちには民営の慰安婦が生じ、利にさとい商人たちが女たちを引きつれて軍と共に移動するようになった。……のちに、挺身隊の美名のもとに強制的に連行した朝鮮人女性は生娘が多かったとは、軍医であった麻生徹男の証言でも明らかである。……吉田清治『朝鮮人慰安婦と日本人』は実際に連行業務に当った立場での証言であり、加藤亨一の『今はつぐないの時』では、連行を阻止した牧師の存在をみることができよう。」

市川房枝がこれらの諸資料を体系的に整理して編集し、解説を付した、この『日本婦人問題資料集成』の「人権」篇と「政治」篇の二冊は、日本女性史における実践と考察とをふまえた珠玉の記録として記念すべき著作だと思います。しかもそれは、参議院議員としての彼女の最も多忙だった生活の中で、よき協力者たちをえて、まとめられた仕事でした。これは、日本女性の解放と地位向上のために生涯をかけて取組んだ人の後世に語り伝えておくべき「遺言」ともいうべき「資料集成」だったのではないかと考えさせられます。

5　リベラリズムの課題を生きる
――尾崎咢堂から戦後への道

一　尾崎咢堂のリベラリズム

明治・大正・昭和の三代をつらぬいて護憲・リベラリズムの思想を堅持して、果敢にたたかいの生涯を生きた尾崎行雄(咢堂)を記念する憲政記念会において、近代日本のリベラリズムについて考えあえることを意義深く思います。

近代日本における「憲政の父」と目される尾崎咢堂(一八五八―一九五四)は、藩閥政府をむこうにまわして、護憲運動を推進してきた反骨の政治家であったことは、いまさらいうまでもありません。これも、私が、ここで申すまでもないことですが、桂太郎首相を辞職に追いこんだ演説は有名です。一九一三(大正二)年二月五日、第三〇回議会開会中、政友会と国民党が共同で、第三次桂内閣に対する不信任案を提出しました。それは、桂太郎が総理大臣に就任するにあたって、天皇に詔勅を出してもらい、また、官権を私して帝国議会を正常に運用させず、議会政治を乱していることは「立憲政治の本義に背く」ということでの不信任案でした。その時、「玉座(天皇―引用者)を以て胸壁となし、詔勅を以て弾丸に代へて政敵を倒さんとするものではないか」(『尾崎咢堂全集』第五巻)との咢堂の強烈な演説に、顔面蒼白となった桂首相が、遂に辞職にたちいたったことは、世に語りつがれているところの、近代日本の憲政史に残る出来ごとでした。

彼は日本の代表的なリベラルの一人だと私は常々考え尊敬してきております。最初に尾崎咢堂のリベラリズムに関連して、二つのことをお話し申し上げたいと思います。

一つは、尾崎が第一次大隈内閣の文部大臣に就任した頃のことです。その少し前、一八九八(明治三一)年一月にできた第三次伊藤内閣の文部大臣になった西園寺公望が、一八九〇(明治二三)年に発布された教育勅語はもう古い、ああいうものではこれからの日本国民を教育する理念としては適当でないから、新しい教育勅語に書き改めるべきではないかと、明治天皇に上奏しました。すると、明治天皇は、新しい教育勅語をつくる案に積極的に賛成し、西園寺にその主旨の起草を命じました。そこで、西園寺は彼の秘書官の竹越与三郎(三叉)に、天皇への奉答文としての「新しい教育勅語」案の作成を命じたのでした。これは「幻の教育勅語」と言われるもので、結局実現しませんでした。明治二三年に教育勅語が渙発された時、文部大臣だった芳川顕正は、この時内務大臣でしたが、非常に保守的な人で、右翼などと共に強く反対したからでした。彼らは、西園寺を、自由主義的な世界主義者だ、危険な思想の持ち主だといい、暗殺の教唆までするところとなりました。病気も一つの理由だったのですが、このような状況で西園寺は文部大臣をやめてしまいました。その後、第一次大隈内閣が成立したとき、文部大臣に就任した尾崎咢堂が、明治天皇のところに挨拶にいったところ、明治天皇が、西園寺の新しい教育勅語の考えが「朕の気にかなっていた」と言ったということです。そこで、尾崎は帰ってきてすぐ文部省に行って、西園寺の「新しい教育勅語」の草案を探したが、その資料は文部省のどこにも見つからず、大変残念がったということです。この「新しい教育勅語」案の考えは後に竹越与三郎が出版した『人民読本』(一九〇一年)に見られます(拙著『日本リベラリズムの稜線』七七―八〇頁参照)。その内容は、非常にリベラルで、世界主義的であり、敵をも愛せよ、他国民をも尊敬せよといい、平和の大切さ、人民の権利を大事にすることの重要さなどを強調する立場が明らかです。明治天皇よりその趣旨をきいた尾崎がそれに思想的に共鳴したことが推測されます。

もう一つのことは、尾崎咢堂の「不敬罪」事件です。一九四二(昭和一七)年四月、つまり日米戦争勃発後のことです。

満州事変後、軍国主義が強まり、軍事予算が増大していく中で、第七〇議会(一九三六年一二月二四日)において、咢堂は、総理大臣(広田弘毅)の施政演説に対して質問をする時、「死を決し、辞世(死にぎわによむ和歌―引用者)を懐《ふところ》にして、演壇に登つた」(『咢堂自伝』大阪時事新報社出版局、昭和二二年八月、四二三頁)といっているほどの緊迫した思想状況だったようです。彼は、第一に、国防費の増大の理由を問い、さらに、日本帝国の発展のための国是として武力を主とするのか、それとも、経済力を主とするのかと迫っています。そして、「この位の演説をやるのに辞世を詠む。宛然《さながら》狂人の沙汰だと笑はれるかも知れないが。臆病なる私としては、どうしても怖《こは》くて堪らないから辞世を詠んだのである」(同四二五頁)といい、その一つは、

命《いのち》にもかへてけふなす言説《ことあげ》を
　わが大君《おほきみ》はいかに見たまふ

だったと述べています。

さらに、一九四〇年一〇月一二日、近衛文麿首相を総裁とする大政翼賛会が発会式をあげ、同一二月二〇日、衆議院議員倶楽部が結成された時、ほとんど全員が参加する中で、咢堂は、参加を拒否した七人のうちの一人でした(この倶楽部は一九四一年九月二日には解散、「翼賛議員同盟」が成立している)。また、一九四二年四月、対英米開戦後、東条内閣が総選挙を断行した時の、翼賛政治体制協議会の不当な選挙干渉を、咢堂はきびしく批判しました。この総選挙に際して、同協議会は、同会が「国家的人物」と認めたものだけに「推薦候補者」の肩書を与えるとともに、政府の了解のもとにあらゆる便宜を与え、他は、「非推薦候補者」として、自力でたたかわねばならないだけでなく、まるで「非国家的人間」ででもあるかのように、官憲の干渉、圧迫に悩まされねばなら

街頭演説する尾崎咢堂(行雄). 1947年3月27日.
〔提供＝尾崎行雄記念財団〕

ない状態におかれたのでした。咢堂は、東条首相に「公開状」を送り、翼賛政治体制協議会をして候補者推薦を取消させることが、国家、および、東条首相のための最良の行為だと訴えたのでした(一九四二年四月)。しかし、内務当局によって、東条首相に対する公開状の公開は禁止されてしまいました。(ちなみに、一九四二年四月三〇日に行われた第二一回総選挙〈翼賛選挙〉の結果を一べつすると、立候補者一〇七九人のうち、翼賛政治体制協議会推薦の当選者は三八一人、非推薦の当選者は八五人でした。)

咢堂に対する「不敬罪」事件は、こうした緊迫した政治情勢の中で、折あらば咢堂の動きを封じようと機をねらっていた当局によって起された事件だったのでした。この総選挙の時、彼は三重県から非推薦で立候補していたのですが、同じく翼賛政治に批判的で、咢堂が常々立派な政治家だと考えていた田川大吉郎(富士見町教会員のキリスト教信者)が、東京府第三区(日本橋)から非推薦で立候補したのを、応援しようと思いました。その日本橋のある国民学校で約三百人の聴衆に対して行った応援演説において、咢堂は、東条内閣の独裁的な性格は立憲政治に反する思想だ、と考えていましたので、明治、大正、昭和の三代を通して立憲政治の実践に尽力してきた祖先の苦労に対して、今の国民が東条内閣のこの専制的な政治を容認しているというのは何事か、と川柳を引用して批判したわけです。

売り家と唐様で書く三代目

これの意味は、親が一生懸命に働いたのに、子供はぜいたくして、三代目が破産して家を売ることになり、シナ風の立派な書体で「売り家」と書いてはりだしているということで、なかなかうまい比喩だと思います。ところが、これは昭和天皇の運命を諷刺していったのだろう、というように問題にされ、「不敬罪」で訴えられたのでした。懲役八カ月、執行猶予二年を宣告されて上告、大審院までいってようやく無罪がきまったのは一九四四年の六月二七日、敗戦の一年前です。

ところで、咢堂のこの「不敬罪」の原判決をくつがえして、大審院で「無罪」の判決を言い渡したのは三宅正太郎裁判長でした。三宅正太郎は、「旧憲法下の珠玉の裁判官」(斉藤秀夫『裁判官論』)

といわれるにふさわしい二つの名裁判をもって権力を批判し、言論の自由を守った裁判官でした。その第一は、咢堂の「不敬罪」裁判であり、第二は、非戦思想のゆえに検挙され、札幌地方裁判所で治安維持法違反として懲役三年の判決を受けた浅見仙作に、大審院で無罪の判決を言い渡した裁判でした（拙著「浅見仙作の平和思想」『土着と背教』参照）。

藤林益三元最高裁判所長官より筆者にお送りいただいた「尾崎行雄に対する不敬被告事件」に関する三宅正太郎裁判長の長文の「判決書草稿」（『三宅正太郎全集』第三巻収録）の結論の部分には、次のような論述がみられます。

「……被告人は謹厳の士、明治大正昭和の三代に仕うる老臣なり、其の憲政上に於ける功績は世人周知のところ、此の功臣にして至尊に対し奉り不敬を加うる意図の下に前記演説を為したりとは軽々に断じ得ざるところとす。……不忠の意図なき者の為したる行為までも不敬罪に数えて之を律するは、蓋し同罪を規定したる法の精神に非ずと謂わざるべからず」といい、「不敬罪を以て問擬するを得ず」と断じています。これは第二次大戦末期の昭和一九年六月二七日になされた大審院第三刑事部の判決文です。

藤林益三元最高裁長官は氏の「信教と言論の自由に関する隠された判例」（『藤林益三著作集』第三巻）に『裁判今昔ものがたり』の次の文章を引用しています。「咢堂の憂えは杞憂ではなかった。立憲政治を守り抜かなかったばかりに、日本国は「売家と唐様で書く三代目」になってしまった。

昭和一七年当時の日本国には、その相があらわれていたのである。しかし、血迷った世相の中において、司法権はわずかに健全であった。人権は、最後の一線において、権力から守られたのである」(二二一―二二二頁)。

軍国主義的ファシズムのもとにあって、司法権の健全さを守った三宅正太郎裁判長とはどういう人だったのでしょうか。

法華経に帰依し、毎朝『普門品』を愛誦したといわれる三宅は、宗教に基礎をおく人間観に立ちながら、裁判における「唯一の責任者」である「裁判官は、人を裁く前にまず自ら裁かれる」(三宅正太郎『裁判の書』)という謙虚な、「正義」の前に自らをおそれる心の姿勢を堅持する人でした。「裁判官が自分の心を虚心にすることが、すべてを正しくする根源」(同上)と考え、「錨をおろし得る拠りどころを信じ、従って、時代を超えた永遠の正義の所在を見失わない」ことの大切さを述懐しています。このように、人間歴史の現実を超越したところに「永遠の正義の所在」を見失わないということ、および、「法を行なうことを任されることによる官の私恣の反省」、すなわち、「国家の反省」ということ、この二つの課題を同時に責任をもって担うことを裁判の基本的使命と考える人でした。

信教、思想、言論の自由が風前の灯のような危機的状況にあったあの超国家主義の狂暴化する中にあって、リベラルな精神で立憲政治を守りぬこうとした咢堂、そして、永遠の正義の前に自らをおそれる心をもって司法権の健全と公正を堅持し、言論、思想の自由を守った三宅裁判長、彼らが演じたドラマは、近代日本思想史における金字塔ともいうべき貴重な遺産です。それは、戦後デモクラシーにとっての重要な源流の一つだと思います。

二　伝統的「自由」観と「リベラリズム」

さて、「自由」という語の定義と「リベラリズム」について少し考えてみたいと思います。「リベラリズム」という語は、日本語では「自由主義」と訳されています。しかし、漢字の「自由」は、英語の「フリーダム」とか、「リバティー」と元来は同義語とはいえないように思えます。『諸橋大漢和辞典』などを見ましても、自由は、「我が意の欲するまま、思うまま、気まま、他の束縛を受けぬこと」などとあり、『広辞苑』を見ましても、「心のままであること、思う通り、自在、（古くは、勝手気ままの意）」とあります。「フリーダム」を漢字の「自由」と訳すことは本来は不適当なんですね。福沢諭吉は『西洋事情』の中で、「リベルチ」の訳語に自由を使うのは不適当である、自由というのはわがまま放蕩で、国法も恐れないということだから訳語に自由を使うのは適当ではない、といっています。歴史学者で『文学に現はれたる我が国民思想の研究』などを書いた津田左右吉は、自由という用語は「わがまま勝手」の意味で用いられることが多いといい、日本語や中国語で今日自由と訳されているヨーロッパ語（リバティー、フリーダム）に適切な言葉はない。それではなぜ漢字で表現できないリバティー、フリーダムというような語が西洋にはあるのか、実は、そのことが本当には大事な問題なんだというようなことをいっております。

私は、さきごろ『道教と日本文化』の著者として尊敬する福永光司氏からお便りをいただきまして、私が「自由」と「リベラリズム」について書いた小文をご覧になっての感想として、漢字の「自由」の語は、中国思想史では二世紀ごろには、「自己の主体性に基づいて行動する」というような意味でも使われてきたと思われる。「わがまま勝手」という意味に用いられるのは、もっと後の時代のことだと考えますと、大変親切な御注意をいただきました。他方、日本では、さきほどの例にあげましたように、「自由」という語が、伝統的には、わがまま勝手というような意味に多く使われてきたように思えます。

柳田国男が語っています。昔自分が七、八歳のころは、自由民権運動が盛んな時代だったが、家の門の前に酔っぱらいが寝ころがって動かないのを皆でどかせようとすると、「どこに寝ようと自由の権だ」と怒鳴った。そういうことから、自由というのは非常にいやなものだ、と子供時代に思った、と。ここにも当時の自由についての考え方が見られるように思います。

ここで福沢諭吉と中江兆民と小野梓の三人の場合を考えてみたいと思います。福沢諭吉は、「自主、自由、独立、自尊」を主張したことはよく知られていますが、同時に、「自由とは、天より定めたる法に従って分限を越えぬこと」だといっています。「分限」と福沢がいうのを、身分制のことをいっているようにとり、福沢を批判する人がいますが、そうではなくて、彼のものをよく読んでいきますと、「分限」とは英語では reciprocity、互恵主義的に責任をとることを意味しています。「自由」と「分限」、この二つは相対して、バランスをとっていかなくてはいけないと福沢は考えていました。自由とは天より定めた法に従って分限を越えないことなのだ、「自由」の言いっぱなしではなくて、天より定めた規律に従い、互恵主義的に責任をとる。他の人間とお互いに互恵的に責任をとりあうこと、そうでなければ本当の「自由」にならないということをいっている。「自由」と「分限」を対置して考えているのは大切な点だと思います。

中江兆民は土佐の出身で、自由民権運動の思想家ですが、土佐の陽明学者、奥村慥斎に陽明学を学んだ人です。陽明学とは王陽明の思想で、人間の良心を重要視し、知行合一の大切さを説き、人間の内面性を非常に大事にした思想です。

プロテスタントのキリスト教は、日本で陽明学が盛んだったところ、土佐、福井、あるいは倉敷等々に根をおろしていきました。この中江兆民がパリのソルボンヌ大学の教授で文部大臣にもなったジュール・F・シモンの「自由ノ本源ハ天ニ出ヅ」という文章を『政理叢談』に訳して載せているのですが、その中に、「自由権なければ性法(自然法)に従うべからず、性法なければ自由権を守るべからず」という一節がみられます。このように、「自由権」と「自然法」、その二つを対置して説いている。「自由」に対して「自然法」による抑制を与えているわけです。自由民権論者の中江

ます。

小野梓は早稲田大学の形成に重要な貢献をした人物です。明治の初期の思想雑誌に『明六雑誌』があり、それと並ぶ共存同衆というグループの機関誌に『共存雑誌』がありますが、彼はその同人です。小野は、この雑誌に「権理の賊」という文章を書いています。そこで彼は、自分の権理だけを主張して、他の人に対して責任をとらないのは「権理の賊」だ、といっている。以上の三人を例にあげて考えてみても、明治の思想家たちは、日本文化を非常に深く知っている教養人でありましたが、西洋諸国の思想に含まれた普遍的要素を正確に理解するとともに、日本語(漢字)でそのまま表現することの困難な「リバティー」とか「フリーダム」というヨーロッパ語の意味を正しくとらえていて、それを、日本語にどう表現するかということを、非常に的確に、発展的に表現していたことが明らかになり、興味深く思います。

大正デモクラシーの時期には、自由主義がある程度ポピュラーでしたが、関東大震災が起こると、これは天災なのに、人間のふしだらな自由に対する天罰だというような思想が広がり、それが、昭和前期の反動化への引き金になっていったというようなこともありました。自由主義はけしからんと考えていたような人たちが、あの関東大震災のような天災が自由主義に対する天罰だといって攻撃し、それが、自由主義を弾圧する一つの契機になっていったのでした。そのようなことがあったことを考えると、災害や混乱の中での人間の心理は恐いなと思わせられもします。

キリスト教では、神に従う自由を重視します。人間の自由というのは、自己中心的に自分の利益を追求するエゴイズムに陥りがちである。自由はそういう危険性を内包している。それを、キリスト教では「罪」というわけで、そうした自己中心的な罪から解放され、神に従う者になることが真の自由だと考えます。明治時代の植村正久や、内村鑑三たちもそれを説いているわけです。自己を絶対化する罪から解き放たれることを自由ととらえ、「真理はあなたがたに自由を得させる」(「ヨハネによる福音書」第八章三二節)といっています。

明治期の心ある思想家たちは、以上でも明らかなように、自由ということを手放しに、何をやってもいいということではなく、人間を越えたものの前に自己をおそれることを知ることの大切さを強調しながら、人間の自由を考えていることは大切だと思います。

三　世界的現実における「自由」観

「四つの自由」と「世界人権宣言」

少し目を広く世界に向けまして、第二次世界大戦後の思想状況の中で、「自由」と「正義」がどういうふうに考えられてきたかについて考えてみたいと思います。一九四一年だったと思いますが、アメリカ大統領のフランクリン・ルーズヴェルトが「四つの自由」ということをいいました。これはナチズムによって非常な恐怖政治が行われていて、ユダヤ人が大量虐殺されるというような状況の中で、人間の権利と自由のために宣言したのですが、「恐怖からの自由」、「欠乏からの自由」、「信仰の自由」、「言論の自由」という四つの自由をあげたのでした。「恐怖からの自由」というのは、戦争とか、拷問とか、大量殺戮とか、そういった恐れからの自由(freedom from fear)です。次に「欠乏からの自由」(freedom from want)、それは、貧困とか、飢えとか、食べるものがない、着るものもない、住むところもないというような欠乏からの自由ですね。さらに、「信仰の自由」、私はこの宗教を信じます、この信念を持って生きますということの認められる自由、「…への自由」といってもいいでしょう。そして「言論、思想の自由」、この四つの自由です。

一九四八年一二月一〇日に、国連は「世界人権宣言」を採択しました。それ以来一二月一〇日は「人権記念日」として世界中の人々に覚えられています。この「世界人権宣言」は、ルーズヴェルト大統領が死去した後、ルーズヴェルト夫人が中心になって、世界各国の人権宣言とか、人権思想、いろんな国の憲法、政治思想などを集め、世界中の人を説得できる「世界人権宣言」をまとめ上げるのに、大変な苦労をしたのでした。この「世界人権宣言」がようやく一九四八年一二月一〇日の第三回国連総会で満場一致で採択されました。これは、さきにあげた「四つの自由」をさらに拡大、展開させていったものです。戦後の世界のあらゆるところで人権の大切さが主張され、女性の解放、差別の撤廃が叫ばれ、また、世界のあらゆる民族が自由、独立を求め、民族自決、民族のアイデンティティを求めている、というような考え方の背景には、「世界人権宣言」の思想が、世界の隅々にまで浸透していったことの結果だといえると思います。

バーリンの「二つの自由概念」

もう一つ、世界のことで例をあげてみますと、ロシア生まれの人で、オックスフォード大学の歴史家として有名なアイザイア・バーリンという人の「二つの自由概念」(*Two Concepts of Liberty*, 1958)という論文についてです。彼は、この論文の中で「消極的自由」と「積極的自由」という二つの自由概念について述べています。第一の「消極的自由」、それは「…からの自由」、つまり、国家による強制とか、政治権力による干渉などにみられますように、あれをしてはいけない、これをしてはいけないというような、そういう国家や権力の干渉ですね。戦争中日本でも、上述の「翼賛選挙」などにも見られるように、いろいろむずかしいことがありましたね。そのような強制や干渉からの自由です。自由には、そのほか、貧乏からの自由とか、恐怖からの自由とか、病気からの自由とか、無知や文盲状態からの自由など、「…からの自由」はいろいろ考えられます。それをバーリンは「消極的自由」と呼んでいます。

第二は、「積極的自由」です。「…への自由」、「…に向かって、ある価値を実現してゆく自由」ということですね。それは、理性とか、理想とか、正義とか、そういうものによって、自分の欲望を抑えて、正しいことに向かって自己を抑制し、規律していく自由ということです。別の表現をとれば、自律的人間の自由ということです。良心に従って自分を抑制する。そういうことが「積極的自由」です。バーリンは、こうした二つの自由をあげている。

アイザイア・バーリンのいう「二つの自由」、すなわち「…からの自由」と「…への自由」というのは、大切な課題だと思います。たとえば、アフリカのルワンダの人々の自由について考えてみれば、彼らは内戦やいろいろの争いが原因となって多くの難民が発生している。内戦や貧困からの自由とか、恐怖や不安定さからの自由ということが重要な問題です。しかし、同時に、アフリカの民族が争いをやめて、自分たちで自分たち自身を治める「積極的自由」が必要です。人に助けてくれといっているだけではなくて、自分たちで自分たちが争わないで、どう国をつくっていくか、自己を律する、自己を支配する、自己を規律して、自国内の異なった部族が協力して安定した社会を形成していくということが必要です。勿論、そのために諸外国もできるだけ助けてあげなくてはなりませんが。このように「消極的自由」と「積極的自由」、この両面が同時的に求められている問題だといえると思います。ユーゴにしても、私が、一九六四年ごろにあのあたりを旅したときには、安定した素晴らしい国にみえました。七つの国境にかこまれ、六つの主要民族、四つの言語、三つの宗教、二つの文字をもつ一つの共和国としての多元主義の国家だと人々は誇っていました。チトーのような強大な統治力が失われ、また、冷戦が終結すると、諸民族が過去に先祖が殺された憎悪や恨みなどを噴出させて不幸な争いを深めています。各民族にはそれぞれに忘れ難い苦しみや傷あとをもつ歴史があると思いますが、それを踏まえながら、「…からの自由」、そして「…への自由」ということを冷静に見きわめて自らを規律してゆくことが大切だと考えさせられます。

なお、アイザイア・バーリンのいう「二つの自由概念」の提起する問題と、イギリスの労働党と保守党とか、アメリカの民主党と共和党との対立軸というような問題との関連を、ついでながら考えてみますと、ヨーロッパの二大政党制というものは、もともとは、労働階級とか、中産階級、ないし、有産階級の利益を代表するものとかいうことでスタートしたわけですが、最近日本に来たオックスフォードのある学長が語ったように、このごろの労働党と保守党というのは、一方は労働階級を代表し、他方は中産階級を代表しているといえるかというと、そうではなくなってしまっている。両者はだんだん近くなり、どこが違うのかわからなくなってきている。アメリカにしても、現在、共和党と民主党というのは、お互いがお互いの政策をとりあうというか、敵がいっているいいことはこちらがもらうというふうになってきている。それだけに、違いがだんだんわからなくなってきている。そういう意味で、現在二大政党の対立といっても、それはかつてのような対立する階級をあらわしているとか、社会的な関心や利益を相対立して表現しているというものではなくなってきている。そのようなことをいっていましたが、そういうことはあると思うのです。

アイザイア・バーリンが、「消極的自由」と「積極的自由」という場合、一つは、「…からの自由」、すなわち、貧困とか、戦争とか、飢えとか、病気とか、権力による強制など「からの自由」ということ、二つは、内面的なものを価値として自己を抑制していく、自分の欲望をも支配していく、そういう積極的に「何かの価値を実現していく自由」、こうした「二つの自由」は人間の自由にとって両方とも必要です。それは二つの政党の対立軸とはまったく次元も意味も違うものです。どういう階層、どういう社会的なグループの利益を代表しているかということで、イギリスの保守党と労働党とか、アメリカの共和党と民主党とかいった二大政党が、もともとは誕生したにせよ、最近はどの国においてもそれぞれの対立する政党がどの階層や社会的グループのどのような利益や主張を代表しているかということは曖昧になってきているように思えます。しかし、いずれの政党や政治グループに属するにせよ、「…からの自由」と「…への自由」というリベラリズムの根本的課題は常に基本的に問われていることではないでしょうか。

さらに、つけ加えておきたいと思いますことは、「自由」をいうときには、同時に「正義」あるいは、「公正」ということが、大切な課題だということです。他者の自由、他者の考え方への心遣いが大事ですね。「私の自由」は大切だが、それは自己中心的なエゴイズムになってしまいがちです。私の自由を言う時、同時に、他者の自由を尊重することができるかということが基本的に重要ですね。いじめの問題もそこにつながります。他の人へのいたわり、他者の尊重、それがなかったら、私だけの自由の追求はエゴイズムの暴力にも容易に転化する危険性がある。自由の大切さを主張する時、それと緊張関係にある「正義」とか、「公正」とか、「秩序」とかが伴わなければ本当の自由ではない。「自由とは何ですか」、「リベラリズムとは何ですか」と問うならば、人間というものは、自分の自由を守るために他者の自由を踏みつぶしやすく、侵害しやすい、怖い存在だということを知ることからはじまるのではないでしょうか。自己の怖さを知る。自己の怖さを知ることによって自己抑制もできる。他者の自由を守るために労することの大切さを知る存在になることが根本的課題なのではないでしょうか。

四　戦中・戦後のリベラリズム

次に、近代日本、特に、戦中・戦後のリベラリズムについて考えてみたいと思います。

大正デモクラシー、リベラリズムの代表的な思想としては、いうまでもなく美濃部達吉のいわゆる「天皇機関説」があります。統治権を持っているのは国家であって、天皇ではない、天皇は一つの機関だという立場。したがって政治は国民の福祉のためになされるべきものであって、天皇のためになされるべきものではない。天皇の「詔勅」は、政治家が、政策を国民に知らせるために用意するものなのだから、国民は詔勅を批判してもいいという、詔勅批判の自由、こうした見解が見られる主張ですね。こうした考え方が明治末年から大正期にかけては非常にポピュラーだったのが、昭和一〇年には軍部や右翼から攻撃され、「天皇機関説事件」となり、美濃部は、貴族院議員を辞任しなければならないこととなり、著書も発禁になる。政府がこれは国体に反する憲法学説だとして禁止した。大正期にポピュラーだったデモクラシー、リベラリズムが、昭和前期の超国家主義の時代にはこのように危機に追い込まれたのですね。大正期のデモクラシーを代表する、吉野作造の民本主義は、「人民による、人民のための政治」を主張し、普選運動をも推進し、人民の福祉のための政治を人民の代表である議会が行うということを強調しました。大正民本主義は戦後のデモクラシーの土着的な根を培った大切な思想運動だったと思います。これも、明治天皇制体制の中の「二つの原理」の後者の要素が、大正期の自由主義的な思想状況の中で、表層に出て展開した思想だといえると思います。護憲運動もその流れを示すものであり、このような思想運動の流れの中に尾崎咢堂なんかも見出されるわけですね。

昭和天皇

大正リベラリズムに育てられた人の中に、昭和天皇もその一人として考えられると思います。あの方は一九〇一(明治三四)年に生まれて、一九二一(大正一〇)年に二〇歳の若さでイギリスを中心にヨーロッパ諸国を訪ねている。人々と非常に開放的に交わる貴族とか、王侯などの生活態度を見て、リベラルであることの大切さを学んだのですね。生来の人柄もそうだったんでしょうけれども。開戦のときや敗戦後の責任の問題などについては、もう少しはっきり発言されればいいのにといったもどかしさを感じた人々も少なくはなかったと思いますが、西園寺公望らからやかましく教育されているわけですから、天皇が政治的発言をしてはならないという自己抑制もあったのだろうと推察されます。

しかし、『西園寺公望と政局』(俗に『原田日記』)などを読んでみますと、美濃部達吉が右翼や軍部から攻撃されていたとき、昭和天皇は、日本に美濃部ほどの学者がいるだろうか、軍部は機関説を攻撃するが、「軍人勅諭」を読んでも、「朕は汝らの頭首なるぞ」という言葉があるが、これはとりもなおさず、「機関」ということではないかと語ったとあります。天皇である自分は「機関」だと考えていたのですね。つまり、昭和天皇の天皇観は「機関説的天皇観」だったということが出来ると思います。二・二六事件のときにも反乱軍の超国家主義的な思想と行動には反対している。

『本庄日記』によりますと、「……自分としては、最も信頼せる股肱《ここう》たる重臣及び大将を殺害し、自分を、真綿にて首を締むるが如く、苦悩せしむるもの」だと陸軍大臣に天皇は語った。さらに、総理官邸にいる反乱軍の将校たちが、「勅使を戴けば勅使の前で自決してみせる。そうして兵隊は原隊に返す。勅使を戴きたい」というのを陸軍大臣が天皇に取り次いだところ、「陛下には、非常なる御不満にて、自殺するならば勝手に為すべく、此の如きものに勅使抔《など》、以ての外なりと仰《おお》せられ」と記録されています。

戦後、「人間宣言」が用意されたとき、それを見た天皇は、この内容は私の考えと同じだ、しかし、私が初めから持っていない神性をいまさら否定するのはどうだろうかといったと記録されています。天皇は、私はもともと神様でなんかないのだと考えていた。しかしあなたが神様だと考えている人たちが大勢いるのだから、やはりはっきり否定されることが必要ではないでしょうかといわれ、「人間宣言」に同意した。しかし、その始めに、祖父の明治天皇が公布した「五箇条の御誓文」を入れたいと強く希望し、そのようになったということです。

大正デモクラシー、ヒューマニズム、リベラリズムというのは、学者とか思想家だけではなくて、天皇個人をもまた、リベラルな人に育てるような意味を持っていた。戦後の民主化を支持し、新しく公布された「日本国憲法」を歓迎した一般民衆も大正期に教育を受けた人たちだったのでした。三島由紀夫の『英霊の声』という能のような形をとった文学がありますが、その中に、「などてすめろぎは人となり給いし」という言葉が繰り返されています。これは、なぜ天皇は人間になられたのですか、と天皇を責める、呪詛のような言葉を繰り返しているのですね。二・二六事件で処刑された人たちや、第二次世界大戦の特攻隊で死んだ人たち、その英霊の声として出てきます。そういわれても、天皇は、自分は人間であると考え、そう信じ続けていた人だったのではないでしょうか。

戦後の「日本国憲法」は、国民の信仰、思想、言論の自由を保障しています。政教分離の原則も明確に規定しています。この憲法は、国民が統治権を持っていること、すなわち、主権在民の原則を明確にしており、統治権を持つ国民の総意によって、天皇は国民統合の象徴だと規定しているのですから、明治憲法とは君主の地位も国民の自由も全く異なる。「日本国憲法」によれば、象徴天皇は政治権力を持たないわけですね。たとえば、アジアに対して、「侵略戦争によって苦しみを与え、大きな迷惑をかけて悪かった」ということを言うにしても、天皇に言わせることは天皇を政治に利用することとなり、よくない。国会が決議すべきことだと思います。

将来どうなっていくかということですが、それは日本国民の民度によるというか、国民の総意によるのではないでしょうか。大統領制のほうがよいと考える人もあるかもしれませんが、誰を大統領にするかということも難しい問題ですね。どの政治家をも絶対化しないという役割を持った存在、神様では絶対になく、「象徴」だという今の制度は、歴史的な背景を踏まえた一つの知恵だということができるかもしれませんね。天皇家の人たちは、リベラルな日本にすることに協力的なようですし、それに奉仕しようとしているという印象をうけます。

幣原喜重郎

もう一人、リベラルな外交官で政治家の幣原喜重郎にふれたいと思います。

幣原は第二次大隈内閣の外務次官であり、ワシントン会議のときの全権大使で、一九二六年には若槻内閣の外相でした。この人とよく対照されるのは田中義一です。田中の強硬外交、張作霖爆殺事件のときには昭和天皇を非常に怒らせた田中義一の強硬外交と対比して、平和外交を重視する幣原喜重郎は軟弱外交と言われました。しかし、彼は、常に国際法を守ることを重視し、また、一九三〇年にはロンドン軍縮条約を成立させ、軍部や右翼から非難されました。田中義一と非常に対照的な外交政策に立っていました。幣原の外交政策は常にリベラルな立場でした。リベラルな立場に立つということは、よその国に対しても国際法を共に守ってゆこうとし、よその国に干渉しない。軍拡ではなくて軍縮を尊重する。平和外交です。幣原はそういう思想的立場を堅持した人でした。

戦後、幣原が首相のときに、憲法が改正され、新しい「日本国憲法」が用意されてゆきました。いわゆる平和憲法の「戦争放棄」の条項についてですが、マッカーサーの回想録によりますと、幣原首相が「戦争放棄」を言い出したといっています。「戦争放棄」条項を含め、軍事機構を持たないことを提案して幣原首相は、そうすれば二度と軍国主義者が台頭してくることはないだろうといった。マッカーサーの少し大げさな表現かもしれませんが、自分は腰が抜けるほどびっくりした、と書いていますす。自分は生涯何百という戦場を生き残ってきた老兵だ。「死」の顔をした戦争の悲惨さを見尽くしてきた自分は、戦争によらないで、平和的に国際問題を解決していけるなら、それほど素晴らしいことはないと思った。それで自分は非常に感銘を受けた。「戦争放棄」を憲法に謳うという考えに自分が同意したとき、幣原首相が涙で顔をくしゃくしゃにしながら、「自分たちは、今は夢想家と笑いあざけられるかもしれないが、百年後には預言者と呼ばれますよ」といって部屋を出ていった、と書いています。この憲法草案が枢密院で審議されたとき、鈴木貫太郎が議長でした。鈴木は海軍大将でしたが、リベラルな平和主義者であって、戦前にアメリカに行ったときも「太平洋」(Pacific Ocean)は平和の海ということだから、お互いに平和を大事にしあいましょうという演説をしたことのある人。第二次大戦が終結にむかうときに、昭和天皇の懇請で戦時下最後の首相になった人です。鈴木は、一九四五年七月二六日、「ポツダム宣言を黙殺し、戦争に邁進」と談話を発表したという問題もある人ではありますが。この鈴木が、憲法草案が討議されるときの枢密院の議長でした。この会議の冒頭で、彼は、「戦争放棄」につき、「これはまことに重大なことであるが、……事実これが日本の生きる道であり、これをこの草案の中に取り入れたということについて敬意を表します」と言っています(『憲法制定の経過に関する小委員会報告』)。戦争放棄の「日本国憲法」は占領軍に押しつけられた憲法だと、今日、いう人たちがおりますが、当時、日本のリベラルな傾向をもった政治家たちは、実は大変重要な発言をしていたことがわかります。

近代日本の歩みを振り返ってみますと、それは、リベラリズムにとって苦労の多い歩みだったと思います。ことにリベラルな人たち、咢堂にしても、美濃部達吉にしても、津田左右吉、幣原喜重郎らにおいてもみられるように、リベラリズムの受難が続いた国の歩みだったと思います。しかしそれにもかかわらず、一見、ひ弱にみえても、その人たちが培ってきた土着のリベラリズムといいましょうか、完全なリベラリズムなどというものは、世界中どこにもないと思います。それぞれの国の思想状況、国情の中でリベラリズムの内実化を探り求め、追求してゆくわけですが、右からも左からも攻撃されるリベラリズムの受難が続いたわが国の中で、そのともしびを灯しつづけた人たちが用意したもの、それを、私たちは大切に受け継いでいかなくてはならないのではないか。アメリカのリベラリズム、オーストラリアのリベラリズム、みな性格が違う。日本の土着のリベラリズム、今日、取り上げてきたようなこれらの先人たちが傷だらけになりながら守ってきた大切な「ともしび」をどう継承し、これからの日本の中で、また、世界の中で生かし、意味づけていけるか、それが私どもが一緒に取り組まねばならない課題ではないかと思います。

五　戦後デモクラシーの根を探る

最後にもう一度、戦後デモクラシーの問題にたちかえって考えてみますと、敗戦後、日本は連合国に占領されましたが、占領軍は何をやってもよかったのではなく、ポツダム宣言の拘束を受けていました。その一三項目のうち、基本的に重要な点は二つあり、一つは日本を民主化すること、もう一つは、戦後の日本の政治形態は自由に表現された日本国民の意志によって決めるべきだということでした。

この二つの枠組が重要な拘束を占領軍に与えていました。ですから占領軍は日本の世論を気にしていました。そのころの日本の国民は、戦争中のあの軍国主義的ファシズムは嫌いだと考えていた。軍閥はいやだが、裕仁天皇(後の昭和天皇)はおいといてあげたいという気持ちを持っていた。明治以来の教育の結果でもあったでしょうが、それが、九二パーセントくらいの日本国民の世論でした。ですから、日本の天皇制を廃止しようと思って日本に来たマッカーサーは、世論が示す国民の意志がそうであり、また、裕仁天皇は民主化に積極的に賛成であり、マッカーサーにも非常に協力的でした。そこで、天皇は保持しながら、他方、特高警察や軍閥や右翼を徹底的に排除し、憲法を改正して民主主義の政治体制を確立しようとしました。財閥の解体、労働組合の合法化、土地制度の改革、婦人参政権、男女共学等々の民主化政策がつぎつぎにうち出されていきました。

日本国民には軍閥や右翼団体を排除するだけの力はありませんでした。しかし、戦後の民主化は日本国民の大多数にとって解放でした。あの憲法はアメリカに押しつけられた憲法だという政治家がいますが、私どもが、思い出さなくてはいけないと思うのは、次のことです。新憲法(日本国憲法)は一九四六年一一月三日に公布され、施行されたのが一九四七年五月三日、その施行の一月前の四月に衆参両院の総選挙が行われました。それは、新憲法に対する国民投票のような意味を持った総選挙でした。この選挙の時、新憲法の採択を支持するということを公表した人達が国会の大多数を占めたのでした。ですから、私は、新憲法は、だれが起草したにせよ、それを支持し、歓迎したのは日本国民だった、日本国民が選んだ憲法なんだということを忘れてはいけないと思います。マッカーサーがその回想録に次のようなことを書いています。自分は新憲法に対する国民投票ともいうべき総選挙によって日本国民による審判が下るんだと思ってじっと待っていた。そうすると総選挙の結果は、この憲法の採択支持を表明した人達が国民の大多数によってサポートされたことがわかり、ホッとするものを感じたと。あの憲法を歓迎した国民、あの憲法の理念を支持する思想は、決して、思いつきでも、突然出て来たものでもありません。上述のように、諸々の思想運動として展開した大正デモクラシーの時代に青年時代、あるいは子供時代を過ごした人達が、そのデモクラシーの思想で養われて、それによって教育された人達が、ファシズムの時代はこわいから皆だまっていましたが、デモクラシーを志向する心は、地下水となって戦時下にも健在でした。そして、戦後、民主化を使命とした占領軍によって軍国主義的な軍閥や右翼が取り除かれた時、内発的に国民のふところからあふれ出てきたのでした。私は、戦後のデモクラシーは、ただ単にアメリカからのもらいものではなく、「これで解放される」と思った人達のふところ深くに用意されていたものだったと信じています。戦後のデモクラシーの根は、大正デモクラシーの時期に培われていたものだったといっていいと思うものです。そういうものがなければ、戦後の民主主義はあのように多くの人々に解放を感じさせ、自由を喜ばせるものとはならなかっただろうと思います。

ですから私は大正デモクラシーは、戦後デモクラシーの土着的根を培っていたと考えるものであります。それを、今、風前の灯のようにしてはならないと思います。

第Ⅱ部

人間と歴史への考察

1　人間と歴史への洞察
――ラインホールド・ニーバー生誕百年に

まえおき――ニーバー教授との個人的かかわり

まえおきとして、個人的出会いをお話ししたいと思います。私が初めてラインホールド・ニーバー教授に出会ったのは一九三九年で、まだ私は神戸女学院大学部(旧制)の学生時代でした。第一回世界キリスト教青年会議がアムステルダムで開かれたとき、ちょうどニーバーはギフォード・レクチャーのためにエディンバラに来ていたのですが、その時、"The Christian Youth in the Conflicting World" という講演をして、出席者に大変感銘を与えたものです。これは、『新興基督教』(一九四〇年五月号)という雑誌に、東京ＹＭＣＡの主事でこの会議の出席者であった木本茂三郎氏が「紛争の世界における基督教青年」と題して訳しています。また、私は、その年から、神戸女学院からの日米交換留学生として、姉妹校のオリヴェット・カレッジに送られましたが、その時、宗教哲学、キリスト教倫理の主任教授が、実はニーバーとティリッヒの高弟だったのでした。二年間、びっしりニーバー、およびティリッヒの思想で指導されました。そして、卒業後、どうしても御自分の恩師であるニーバー教授のところへ送りたいといって下さり、ニューヨークのユニオン神学校にゆくこととなり、ニーバー教授が迎えて下さったのでした。そういう意味で、オリヴェットからユニオンまで続けてニーバー、ティリッヒの思想の中で学びました。

ニーバーの思想についての研究と私の思想史の研究とのかかわりについて、最初に短く触れておきたいと思います。私は、終戦直後の一九四六年に始めた「思想の科学」という思想グループの創立同人の一人ですが、一九九二年、機関誌『思想の科学』の初期の号の復刻版を作るということで、それを準備している若い方々がみえていろいろと話し合ったのですが、私は『思想の科学』第二号(一九四六年八月)に、「ニーバーの〝世界政府の神話〟解説」を、戦後、最初に書いています。これは、雑誌 *Nation*(一九四六年三月一六日)に発表されたニーバーの"The Myth of World Government"についてのエッセイです。そのころ、デューイも「世界政府論」("On Membership in a World Society")を書きましたし、エモリ・リーヴスが『平和の解剖』(*Anatomy of Peace*)を書きまして、これらが世界政府論を世界に大きく訴えました。世界政府論が安易に論じられているが、政府と憲法を作りさえすれば、世界共同体がつくり出せるというようなものではない。国民社会(民族国家)と世界共同体とは程度においてよりも質において根本的に異なっている。複雑な世界の問題を立憲的に解決することはできないと、ニーバーが批判したのが「世界政府の神話」です。私は、『思想の科学』のその次の号で『光の子と闇の子』を紹介し、その後、この本を翻訳しました。先日、『思想の科学』の復刻版を準備している若い方々に、「あのころ、マルクス主義者と随分ニーバーについて論じていらっしゃいましたね」といわれて、初めて思い出したのですが、民主主義科学者協会(俗に民科)の機関誌『理論』の第二号(一九四九年二月一日)を探し出してみますと、『光の子と闇の子』についての座談会をしていました。その時のマルクス主義側の出席者は、高桑純夫、山田坂仁、佐木秋夫の諸氏でマルクス陣営を代表する錚々たる人たちでした。今から考えればちょっと怖いの

Reinhold Niebuhr. 1950 年頃.

ですが、若いころは怖いもの知らずで、そういう人たちを前に、一生懸命ニーバーの思想について論じたわけです。当時、これらマルクス主義者たちも一生懸命ニーバーのものを読んで、議論したいという思想的関心がありました。これは、戦後の日本の思想状況が、アメリカ的デモクラシーとソ連的マルキシズム、あるいは、コミュニズムとの戦争状態だったということがあったと思います。そういう中であっただけに、『光の子と闇の子』

に対してキリスト教会だけでなく、マルクス主義者たちも非常に関心を持った(批判的な目をもってではありますが)ということだったと思います。

その後、*The Nature and Destiny of Man*(『キリスト教人間観』第一巻「人間の本性」)を訳し、まだ学生上がりの若者が、これも怖いもの知らずで、間違いのたくさんある訳をしました(これには宮本武之助先生と故大須賀潔氏がいろいろ御助言くださいました)。アメリカなどの神学者から、「われわれも理解できないようなものを、よく日本語にできましたね」などといわれ、「本当に大変でした」と答えたことがありました。私は若気の至りで、いろいろの誤りをおかしてきたと思いますが、これも私のそういう青年時代の仕事の一つでした。その後にニーバーについていろいろ書いたものが『人間・社会・歴史――ニーバーの人と思想』(創文社版、フォルミカ選書)として、一九五三年に出版されました。そういう意味で、私はニーバーについて、戦後いろいろ書いたり読んだりしています。それにもかかわらず、ニーバーについてその後、あまり書かなかったのはなぜかという、個人的なことも今日はお話ししたいと思います。

ニーバーは、私を特別な弟子と思ってくださり、人々にもそう紹介してくださいました。戦争が起こると、「私が保証人になるから、勉強を続けなさい」といってくださったのでした。しかし、アメリカから見ていると、日本は必ず戦争に負けるということが分かり、日本が灰になるのなら、どうしてもその中で灰をくぐりたい、灰になってもいい。灰になる日本にいなかったら、日本人である資格を失うというような思いがしました。

「アメリカで研究を続けては……」といっていただきましたが、私はやはり帰る決断をしました。一九四二年六月、第一次日米交換船グリップスホルム号でニューヨークを発ち、アフリカの南端をまわり、モザンビークのロレンソマルケスで日本から送還されるグルー大使や宣教師たちと交換され、戦時下の日本に帰ってきました。その時、船のデッキから水平線を見ながら考えていたことは、ニーバーが、西洋近代思想はルネッサンスと宗教改革の思想的戦場(battle ground)であり、その二つの要素が相剋し、相互影響を与え合い、あるいは統合を試みる思想的相剋の場と捉えていたことを考えながら、私は日本に帰ったら、キリスト教と日本の文化との間の mutual impact を研究したいと考えていました。そういう意味で、帰った時から西洋のことだけを真似て書くのではなく、自分で日本のことを研究したい、ニーバーから学んだキリスト教倫理、思想史研究のアプローチ、洞察と方法論をも参考にしながら日本におけるキリスト教と土着文化・思想とのかかわりを勉強したいという願いを持っていました。それと共に、最初にふれた「思想の科学」のグループで雑誌を作るために話し合っていた時に、その中のある人が、「日本の学者たちは、大体、カント、ヘーゲル、マルクスなどなど、西洋の学者の〝出店〟だ」といったのですが、その〝出店〟という言葉が私の胸につき刺さる感じがしました。私はニーバーに学んだけれども、ニーバーの出店であってはならない、むしろニーバーやティリッヒに学んだものをもふまえて、私の置かれた思想状況の中でささやかながら、自分独自の研究をさぐり求めていきたいという気持ちを強く持っていたのでした。

ニーバーは、キリスト教をもって思想史を分析しています。そういう意味で、キリスト教倫理学者であり、キリスト教の思想家でありますが、キリスト者にだけ通じる神学を語る人ではなくて、secular（非宗教的）な思想界一般の人間観、社会観、歴史観に通じる論理の運び、表現で論じています。そのことは重要なことで、キリスト教の価値観に立ちながら、この世の文化、学問、社会科学、政治経済問題をその同じ次元に立って論じることは非常に大事だと、私は考えています。私は、日本思想との取組みをそういうアプローチで究明していきたいと考えてきました。適切な表現ではないかもしれませんが、ニーバーを懐刀《ふところがたな》の一つにして日本思想史と取り組みたいと考えてきました。はじめに少し自分の問題意識についての話に偏した観がありますが、ニーバーの教え、その思想は、私にとって非常に重要な意味を持ってきたことをはじめに申し述べたいと思った次第です。

最近、ニーバー夫人よりいただいたお手紙の中に、「ラインホールドの人生を、そして、あなたの人生を、とらえた思想に、私は、何か胸うたれるものを感じています」とありましたが、私は、その〝思想〟にとらえられたことの恵みを深く感じています。

一　ニーバーの人間観と歴史観

さて、ニーバーの思想を人間と歴史への洞察という観点で考えてみたいと思います。彼の *The*

Nature and Destiny of Man はキリスト教の人間観と歴史観についての主著ですが、ニーバーの人間観と歴史観は、宗教改革者たちの偉大な遺産としての「信仰による義認」の思想に立っているということがはっきり言えると思います。ニーバーの人間観の特色の一つは、人間は自然の子であり、本能的な衝動にかられる動物だという点で、人間は有限な被造物であるということです。第二は、人間は自然や自己や自己の理性や世界をも超越して、それらの外に立って、それらを見はるかすことのできる、自由な精神の持ち主であるということです。そういう意味で、無限の自由と創造性を約束されているということです。この二つの要素の緊張関係において、ニーバーは人間を捉えていることに特色があると思います。人間は有限性と自由とのパラドックス(逆説)において、不可避的に不安を伴う、その不安を克服するために、自己の限界を越えて、自分自身を無限なる神としようとする誘惑をもつ。これが罪の場だという考え方をしています。そういう意味で、原罪説に基づく逆説的人間観と歴史観が彼の特色だと思います。歴史的存在としての人間のあらゆる問題は、ここに根を持っているとニーバーは見ています。歴史は、人間の自由による創造であると共に、罪の表現でもあり、原罪説こそが人間の歴史の謎を解く鍵であると彼はいっています。そこに悪の問題がありあります。ニーバーは、人間の悪、歴史の悪ということ、キリスト教でいう sinfulness を悪の問題の次元で捉えています。最も創造的であると同時に最も破壊的である人間の自由、その自由において罪は犯される。従って、これは、運命によって決定されるものではなく、人間の自由なる決断に

よって犯されるものであるから、人間自身の責任だということが、彼の主張です。

さらに、近代の人間観の問題としては、二つの人間観の相剋の場、ルネッサンスと宗教改革という二つの思想、価値観の相剋の場だとしばしば語りました。ニーバーの人間論は、近代人間観の批判に焦点があると思います。一つはギリシャ的ヒューマニズム、もう一つは聖書的人間観。この二つの異なった範疇に属する人間観が、トミズム(中世のトマス・アクィナスの説)の中で総合されていた。それが、ルネッサンスとリフォメーション(宗教改革)に分裂した。しかし、ルネッサンスは、単なるギリシャ思想の再現ではなくて、トミズムにおいてキリスト教と結合したことによって、ギリシャ思想にはない、霊肉一体としての個たる人間の自由をその特色としている。これは、トミズムを経ることによって、キリスト教からのインパクトを受けたものだと彼は見ているわけです。近代西洋文化は、ヘレニズムとヘブライズムといった相反する二つの人間観の戦場(battle ground)だといっていました。そして、彼の分析する近代のあらゆる人間観の実態は、根本的に異なった、この二つの人間観の応用、変形、結合だといえると考えており、そこに、近代の問題があるといっていました。ニーバーがエディンバラ大学で一九三九年から一九四〇年にかけて一年間行ったGifford lectureは、まさにこうしたルネッサンスと宗教改革の二つの人間観の相関関係、相剋が中心問題であり、それは *The Nature and Destiny of Man* (vol. I. 1941, vol. II. 1943)、つまり「キリスト教人間観と歴史観」として出版されています。ついでながら、ニーバーのいう“destiny”についてですが、これを「運命」と訳す人もいますが、日本語の「運命」は、人間の意志にかかわりなく身の上にめぐってくる吉凶禍福、人間の力をこえた作用といった意味に、普通、用いられます。しかし、ニーバーは歴史の中で人間が自らの自由なる決断において歴史形成にかかわる、その現実における人間の責任を伴う罪とその救い、歴史を審き、贖罪の愛を以て、歴史に意味を与え、歴史を成就したもう神の摂理のもとにある歴史を問題にしています。従って「キリスト教歴史観」という方が適当ではないかと私は考えています。

アメリカの思想、自由主義神学は、この二つの要素をもう一度再結合しようとして失敗したものだと彼は見ています。ルネッサンス的人間観に呑み込まれてしまっている楽観的な人間観であって、人間の人格の中心に何ら欠点を見出さない。理性的人間は、virtuous(有徳)であるという考えが支配的だといっています。

人間の自由における罪(原罪)に基づいて「自由と秩序」"freedom and order"が問題になります。人間の自由はまさに罪の場であるわけですが、一方、人間は無限の自由において〝創造性〟を与えられている。罪人は神にそむきながらも良心に不安を覚えることによって、「原義」"original righteousness"が、良心に刻みつけられていることを証明しているといいます。他方、自由における神への反逆としての罪、それをニーバーの表現では"will to live"(生への意欲)、"will to power"(権力を追求する権力欲、それは、支配欲へと展開する)としてとらえています。自己、および、世界を超越することのできる自由において、人間は、神のごとくなろうとする。ここに人間の「破壊性」、自由における悪への根をみています。こうした逆説的な二つの要素が緊張関係にあるものとしての人間観。この二つのどちらか一方のみが強調されるとペシミズムになり、他のみが強調されるとオプティミズムになる。ぎりぎりの緊張関係において捉えられた人間は、自由であると共に、その権力欲は抑制されなくてはならない。「秩序」(order)が必要となる。本来のデモクラシーには、人間の自由を尊重すると共に、弱い人間は自らの弱さの故に、他者をおしのけても自己の自由を追求しようとする傾向(欲望)を持っていることを知るが故に、自らの「悪」を抑制しなくてはならないという、自己抑制の要素を含んでいる。つまり、あるべきデモクラシーは、社会関係において「自由と秩序」の緊張関係の確認を必要とするものだとニーバーは考えているわけです。ニーバーは、上述のような人間観に立って、デモクラシーの原理は、本来は自由の尊重と共に、そうした自己抑制を内包した思想であり、制度だと考えていると思います。

ここで、ニーバーの宗教改革観について触れておきたいと思います。宗教改革は絶対者の前における人間の限界を、そして、その sinfulness を深く把握した。ルターの「信仰による義認」の思想は、人間把握における最も重要な要素だといっており、そこには、罪と赦し、審判と摂理が明確にされているからと、ルターを重要視しています。それとともに、カルヴァンは、生活の中に信仰を実践するということを重要とした。カルヴァンの歴史観はデモクラシーの進歩に貴重な貢献をしたとニーバーはみています。しかし、宗教改革の弱点をも鋭く捉えている。ことに、ルターの場合には、善悪、正・不正の規準が相対的な関係にある歴史の現実、政治問題や社会問題の分野において、人間の行動の重要性や、責任感が軽視されていると彼は見ています。例えば、ドイツ農民戦争の時、封建社会の不平等をそのまま認め、キリストはわれわれの精神だけを自由にしたのであって、地上には常に主人と農奴の区別がある、天上の掟と地上の掟は別であるから、信仰においては神の律法に従うが、地上においては、領主の定めた法律に従うべきだ。したがって、統治者には謀反者を取り締まれといい、農民には山上の垂訓を守れといった。これに関して、ニーバーは、社会正義を要求することなしに、苦難に対して無抵抗の愛を保てという倫理は専制を許すことになるというのであり、このようなルターのペシミスティックな倫理は、ナチスの専制に対して責任なしとはいえないとさえ言っています。宗教改革を重要視していながら、こういう批判を持っていました。

二　個人主義的倫理から社会倫理へ

プロテスタントの個人主義文化の批判

次に、ニーバーの社会倫理の重要性への問題提起に触れたいと思います。彼は、プロテスタントの個人主義文化を批判しています。プロテスタンティズムは、近代ブルジョア個人主義文化の発展と腐敗の中に身を置き、安定した階級の中で本来プロテスタントが持つべきヴァイタリティーを失ってきてしまっている。そして、固定化し枯渇化している。プロテスタンティズムは、最も虐げられた人たちに人間としての尊厳を取り戻す力として、歴史の新生、歴史を革新するパン種であり得るかを問われている、という主張です。

社会倫理への問題提起

ニーバーの社会倫理を重要視する目は、宗教改革の批判の中にも上述のように明らかに見られます。罪とか悪の問題は、個人に限らず、社会集団における悪の問題としても追及しなければならない。キリスト教の罪観にもとづく人間観において、社会悪(social injustice)の問題を、ニーバーは問題にしてきたわけです。集団としての人間は、個人では赤面するようなことを平気で行う。キリスト教は個人の罪を問題にするが、社会的力となった罪、つまり、社会悪に対しては鈍感だということです。社会正義(social justice)の実現が課題となる。そのための社会倫理が重要だということになります。ニーバーはキリスト教倫理(Christian ethics)の教授でしたが、特に、社会倫理(social ethics)の思想家として著名であり、また一九三〇年代から一九四〇年代にかけて、当時のアメリカ社会においても、世界的にも、強烈な問題提起者でした。そして、そうした問題に関心を持つ学徒も学者も牧師もユニオン神学校に集まってきたのでした。人間の自由には、創造性と共に、自己絶対化の破壊性が内包されている。人間の自由には規範、抑制、規制が必要であることを強調しています。特に集団において。民族とか、階級とか、国家とかの集団ですが、一番大きな問題は国家だというわけです。経済力や政治力が、自由を確保する手段としての限界を越えて、他者を侵す罪の手段となる危険性が国家にはある。権力欲を内包する経済力や政治力に対する道徳的な抑制が必要だということを説いているわけです。ことに、集団の倫理を分析してゆく上に国家の倫理的態度の研究が重要だと見ています。人間集団としての国家は、第一に、最も強固な社会結合を持っており、第二に、最も確実な中央集権制を持っている。第三に、最も明確に限定されたメンバーを持っている。そういう国家が、人間集団として最も大きな悪を犯すということです。愛国主義者というのは、一見、献身的な愛をもって国に仕えるようだけれども、その〝献身的な利他主義〟には、実は自己中心的な自己本位の利益が混入している。自分が個人では果たせない欲望を、国家の栄光によって代行させ、それによって自己満足を得ようとしている。だから愛国主義者というのは、実は自己中心的欲望を国家によって達成させようとする。そういう意味で、非常にアナキスティックな欲望をほしいままにさせるものとして展開していく。国家の最も重要な道徳的特質は、偽善だと言っています。

『光の子と闇の子』(一九四四年)の「闇の子」というのは、自分の意志や自分の利益以上の律法《おきて》、規範を認めない、道徳的シニシスト(道徳嘲笑主義者)のことで、聖書のよび名で「この世の子ら」、または、「闇の子」と名づけます。それは、ニーバーが活発に思想活動を行った時代においては、ナチスに代表されます。「光の子」というのは、自己本位の欲望をより高い律法《おきて》に従わせねばならないと信ずるもの、自己中心的、自己本位的欲望を超越的、普遍的な規範、ないし、法則の制約下におき、より普遍的な善と調和を保たせようと努力する人々のことだといっています。デモクラシーとマルキシズム両方を、当時のニーバーは、「光の子」に属するものとしながらも、両方とも愚かな光の子としています。彼は、ブルジョア・デモクラシーの批判とマルキシズムの批判を、『道徳的人間と非道徳的社会』(一九三二年)、『光の子と闇の子』その他で、多く書いているわけですが、自由が人間悪から人間を解放するかというとそうではなく、自由主義がむしろ自己絶対化の貪欲の悪になることが多い。しかも、それは、宗教的な主張をさえもその中に含んでいる。ニーバーのマルキシズム批判については、マルキシズムは、人間の人格の深みに人間悪があることが理解できない。富の社会化、すなわち、所有権が社会化され、平等化されれば、人間の利己心は除かれ、完全な社会調和が出現すると考える。しかし、いかなる社会形態がつくり出されても、人間の利己心、悪は、人間性の底に根深く根強く巣くった一つの力であることをマルキシズムは理解できない。そのために、革命の彼方の人間について誤算をする。革命後のソ連に起こった独裁的な寡頭政治は、まさに専制政治であり、オプティミスティックなユートピアニズムだとニーバーは断じていました。後日、スターリニズムの批判がおこってからそのような問題は明らかになってきましたし、ことに、ソ連邦崩壊後、それは、今日、すでに自明のこととなっていますが、マルキシズムがまだ理想主義的に解釈されていた時代に、ニーバーはこのような見解を明確にしていたのでした。ニーバーの見方が正しかったと私は思います。

社会倫理におけるニーバーのメッセージは何か。それを考えますと、階級とか民族とか国家のパワー・ポリティックスの中に社会力となった罪(社会悪)の問題を鋭く見抜いたということ、そして、その克服の課題の重要さを提起したことだと思います。彼は、歴史の複雑な現実問題を乱麻を切るように鋭く分析します。しかし、ニーバーを社会主義といえるかというと、そうではない。ニーバーは、社会正義の実現に努力した人ですが、その点でティリッヒとも少し違うと思うのです。ティリッヒの場合は、キリスト教的社会主義の立場をとったことがあります。ついでにいいますと、ティリッヒとニーバーはとても近いわけで、ナチスからティリッヒを救い出すためにアメリカに招いたということについてもニーバーの力が大きかったことは事実です。それでも、ティリッヒの書いた *Systematic Theology*(一九五一年)を読んだとき、ニーバーは「この本を読むまで、ティリッヒと自分との思想的な立場がこんなに根本的に異なっていたということを知らなかった」といったということがあります。非常に深く影響を与え合い、最も近いと考え合っていた二人が、実は、非常に遠い存在であったのかもしれない——ということを発見するということも人生にはあるのですね。このことは、福音の真理の把握における厳しさを私どもに考えさせる一例かもしれません。

ニーバーは、社会正義実現のための変革が行われても、そのかなたにオプティミスティックなユートピアは決して見ないといいます。彼はニヒリスト、あるいは、ペシミストだからというのではなく、彼はペシミスティック・オプティミストであると言ってもいいのではないかと思います。ニーバーはミセス・ルーズヴェルトと一緒に Americans for democratic action の組織を作っていましたし、大統領補佐官をつとめたシュレジンジャーは、彼から一番大きな影響を受けたと言っています。ニーバーは、社会的実践、本当のデモクラシーを守って行くための実践を追求しましたが、しかし、それは、決してオプティミスティックな実践ではなくて、改革のかなたにおいても、なお、また、新たな悪が内包されている可能性を鋭く洞察していると思います。

三　マハトマ・ガンディとキング牧師

社会正義、社会悪との闘いの問題について、インドのマハトマ・ガンディとアメリカのマーティン・ルーサー・キング牧師のことに触れておきたいと思います。

ガンディの非暴力の抵抗の問題について、ニーバーは、宗教が政治問題に貢献し得るものとして、ガンディの非暴力の抵抗以上に大きな貢献はないと言っています。人間は、あらゆる社会闘争において、どの党派も他の党派の悪に気を奪われて、自己の悪が見えなくなってしまう。しかし、ガンディが唱えた非暴力は、物質的暴力だけではなく、憎しみを伴う精神的暴力もいけないということです。そういう意味での非暴力の抵抗、そこにおける非暴力の冷静さ、憎しみを伴わない冷静さは、自分の中にも、敵の中にも、人間としての共通の脆さを見出し、その悪徳も美徳も両方が、共通の根を持っているということを思い出させる。そして、人間を謙虚にし、悔い改めへと導くということです。ニーバーが、ガンディの非暴力の抵抗による独立運動を大変高く評価しているということは面白いことです。

ガンディと比較して、トルストイの教理を考えてみると、宗教的愛の理想と政治的強制の必要とを関係づけることをしなかったトルストイの宗教的な理想主義は、結局は、ツァー政権の暴力の悪の前に農民の善を以て無抵抗で勝利を得ようとして失敗、ツァー政権の暴力によって農民が、犠牲にされる結果となったというのです。ニーバーが、政治権力の悪とのたたかいに関して、ガンディの非暴力の抵抗と、トルストイの無抵抗主義とを対照して、論じているのは重要だと思います。日本ではガンディの運動を無抵抗主義と解した人たちが多くあったように思いますが、インドの独立運動におけるガンディの〝非暴力の抵抗〟をアメリカ人のニーバーは的確にとらえています。ニーバーは、専制政治や不当な植民地支配等の社会悪の克服の為には、物質的、精神的暴力を伴わない抵抗を以ての闘い、そういう意味での、ある強制が必要だと考えており、これも、ニーバーの社会倫理の問題の見方の一つの例になると思います。

もう一つは、人種差別と闘ったマーティン・ルーサー・キングです。彼の公民権運動は言うまでもなく、皆様、よくご存じのところですが、キングは彼の著書 *Stride Toward Freedom*（一九五八年、雪山慶正訳『自由への大いなる歩み』岩波新書、一九五九年）の中で、彼が公民権運動を進めていく上で思想的に大きな影響を受けた人として、ニーバーとガンディを挙げています。彼は、「ニーバーは浅薄な楽観主義の幻想や虚偽の理想主義の危険を認めることを助けてくれた。彼の神学は、人間存在の一切の面に罪が存在することを、絶えず思い出させてくれる。ニーバーは、人間の社会的環境の複雑さと集団的な悪の目くるめくばかりの現実を見抜く眼を与えてくれた」ということを書いています。

それとともに、キングは、他方、インドのガンディからの影響も非常に大きかった。真の平和とは、悪に対する無抵抗ではなく、悪に対する非暴力の抵抗であることを、自分はガンディから学んだといっています。ニーバーの社会関係の複雑な問題に内在する悪の捉え方、つまり「社会倫理的視点」と、ガンディの「非暴力の抵抗」との二つが、彼の公民権運動を進めていく上に非常に大きな指導原理となり、彼自身を導いてくれたといっています。キングがモントゴメリーでの非暴力の抵抗運動で、公民権運動の最初の成功を収め、多くのアメリカ人を説得してゆき、やがてアメリカ人が自分たちの悪を悔い、公民権条例（Civil Rights Act）が一九六四年に確立するというところへ導いていったと思うのです。

今日、アメリカでは、キングの指導下に忍耐強く進められた公民権運動を経験せず、その意義を知らない世代が多くなり、人種的対立が起っていますが、アメリカの三〇〇の都市の市長を黒人が占め、病院、大学でも医師や教師に黒人のクォーター・システムが実施されているなど、公民権運動の成果は顕著なものがあります。まだまだ解決されるべき問題は沢山ありますが。

四　ニーバーとバルト

次に、ニーバーとバルトのことで、ひとつのエピソードに触れたいと思います。一九五一年の七月、スイスのジュネーヴ郊外のロールというところで、"hope"(「望み」、いいかえれば、eschatology「終末論」の問題)をめぐって、二五人の神学者の会議がありました。私は、たまたま、一九五二年にインドのトラヴァンコアにて開催予定の第三回世界キリスト教青年会議の準備のために招かれてヨーロッパに行っていましたが、WCC総幹事のヴィザトウフト博士のお招きで、この会議に出席させていただきました。これは、その三年後の一九五四年に開かれる予定になっていた、世界教会協議会(WCC)のエヴァンストン会議、即ち、第二回世界大会(第一回目はアムステルダム会議、一九四八年)の主題が、"Jesus Christ, the Hope of the World"(「イエス・キリストはこの世の望み」)となっていましたので、その"hope"をめぐっての神学的議論がなされたのでした。

ここでちょっと触れておきたいのですが、エバーハルト・ブッシュ(Eberhard Busch)が書いた『カール・バルトの生涯』(小川圭治訳)という本がありますが、その本の五六二頁に、このエヴァンストン会議のことが出ています。この部分における記述には、私は間違いがあると思うので申し上げるのですが、この本には「教会と世界の希望」ではなくて、「イエス・キリスト、十字架につけられた主、世界の唯一の希望」とすることをバルトが主張したが、採択されなかったといっています。しかし、ＷＣＣは、「教会と世界の希望」というテーマの出し方をしていたのではなくて、“Jesus Christ, the Hope of the World”を主題と考えていたのでした。それは、イエス・キリストは、キリスト者だけではなくて、全世界の人、イエス・キリストを知る人も知らない人も含めて、この世のすべての人の主であり、〝望み〟であるという意味でした。その“hope”の理解をめぐって討議し、神学的裏づけを明らかにしようとする会だったのでした。ブッシュは何処から得た資料によったのでしょうか?　このブッシュの記述は間違っていると思います。

もう一つ、この箇所で間違っていると思うことがあります。この会議のテーマについて考えている際に、「ニーバーがこともあろうに終末論を除いてしまおうとしたとき、バルトは激昂して、彼としてはもう希望はないと考えて、この場から立ち去ろうとした。だが、その時引き止めたのは、日本の女性で(とは私のことなのですが)、彼女はバルトとニーバーを対話のプラットホームに導くことに成功した」と、書いています。プラットホームというより、小さな部屋で話し合いました。しかも、これはあとでふれますが、ニーバーが終末論を否定するなどということはありえないことです。ニーバーは決して終末論を除くなどといったわけではないのです。先ず“hope”(望み)についての考え方ですが、この会議において、“hope”を“Great Hope”と“small hopes”として論が進められて行ったことは重要だと思いますし、私には非常に印象深く心に刻まれました。イエス・キリストが再び来給うた時、最後の審判の時、時の終り、時の成就する時、それが“Great Hope”であり、われわれは、それを待ち望んでいる。しかし、われわれはキリストの来給うた時と終りの時との中間時に住んでいるわけですね。その中間時におけるキリスト者にとっての“hope”とは、一刻一刻、歴史の中で神の審きを受け、キリストのとりなしの赦しによって新たにされて立ち上がる望みを与えられており、その望みに生きている。それは“small hopes”複数の小さな望みである。歴史の中のキリスト者は、“Great Hope”と“small hopes”との緊張関係の中にある。このような考え方をニーバーもヴィザトウフトも主張し、この会議の大体の合意になったと思います。

私が学んだ頃はニーバーの最盛期でしたから、ユニオン神学校での講義の時間には、教室はユニオンの学生だけではなく、他の大学の学生たちや神学者、牧師たちも沢山来ていて、一杯になり、その中で、ニーバー教授が仁王立ちして講義したものです。その時に、彼が黒板いっぱいに図解して書いたのを今でもよく覚えています。「キリストの来給うた時と、それから最後に来給う時と、その中間の時にあって、人間はいろいろの悪を克服して、だんだん改良し、進歩に努める」といい、彼は、決して進歩を否定しません。「しかし、その各瞬間、神の裁きと、とりなしの救いが歴史の中に突き破って入ってくる。各瞬間に終末があり、また、それが、キリストによってとりなされて新しくされていく。時間の中では少し進歩するが、その現実は、また、神の裁きの前に立つものだ」というようなことを、彼は図解しました。これは、後年、スイスのロールでの〝hope〟をめぐる神学者たちの論議につないで考えますと、〝Great Hope〟と〝small hopes〟の問題になると思います。

この会議での〝Great Hope〟と〝small hopes〟これは終末論の取り上げ方として非常に面白いと思います。ニーバーは決して〝終末論〟を排除するなどと言ったわけではありません。終わりの時、キリストの再臨の時、時の成就する時、それが〝Great Hope〟だ。しかし、この中間時における歴史の中の各瞬間に、裁きと、キリストの十字架の愛による赦しを通して、新たにされるhopes、キリスト者の歴史観、終末論(eschatology)についてのこうした考え方は、非常に大事だと私は考えます。私たちの学生時代に、「ルターは「大胆に罪を犯し、大胆に悔い改めよ」といった。神に従おうと思って大胆に生きること、それは大胆に罪を犯すことになる。しかし、大胆に悔い改めてまた新たにされるということなのだ」というようなことを、東京神学大学の宮本武之助教授がおっしゃったことがあります。また、カルヴァンは、「真の祈りとは、ひざまずいているひざが立ち上がって歩き出すところまでをいう」というようなことをいっています。ニーバーはこうした宗教改革の信仰に立って、終末論を捉えているように私は思いました。しかし、いずれにせよ、ＷＣＣの大会の主題である〝hope〟をめぐる神学者たちの議論は実に興味深いものがありました。

少し眠気さましに、エピソードを申しますと、偉い神学者たちが角《つの》をつきあわせて、怒りさえも含めて対立し、言い争っていましたので、ＷＣＣ創設に重要な働きをしたオランダ出身の神学者で世界教会協議会(ＷＣＣ)総幹事(後の名誉会長)のヴィザトウフトさんは、ハラハラして心配していました。そこで、私が、"Great theologians are great sinners" つまり、「偉大な神学者は大きな罪人ですね」とヴィザトウフトさんにいったのでした。すると、彼はバルトに「清子が、"Great theologians are great sinners" と言った」と伝えたというのです。私はびっくりして、「そんなことを言ったらバルトさんは怒ったでしょう?」といいますと、「そんなことはない。彼は、"Did she say so? Isn't it beautiful ?! That is true. We theologians are great sinners"(彼女はそういったのか？何て美しい言葉だろう。それは本当だ。われわれ神学者は大きな罪人だ)と言った」というのです。私はバルトとは、それまでに、バーゼルでお宅に招かれたり、彼の助手で協力者のミス・フォン・キルシュバウムと御一緒に話し合ったりして、とても親切にしていただいていたのですが、この言葉を聞いた時に、バルトがさらに好きになりました。なんという美しい信仰の持ち主だろうと思った次第でした。"We theologians are great sinners." "That is true, that is true!" とバルトがいったと聞いて、私は深い感動を覚えたことでした。

そういうこともあった後ですが、ニーバーとバルトの対立がとても激しかったものですから、私は二人に話し合ってほしいといいました。ニーバーも私を、自分でいうのもおかしいのですが、愛弟子のように思っていてくださっていましたし、バルトも親愛感をもっていてくださったものですから、「清子が言うのなら、二人で話そう」ということになって、二人が話し合ってくださったのです。それは、ブッシュがいうような大げさなプラットホームではなく、小さな部屋でした。そこで二人が話し合ってくださったのを私は横で座って聞いていたのですが、それは、ニーバーとバルトが初めて二人でひざを交えて話し合ったときでした。その時、ブルンナーが窓の外を通りかかりまして、「あっ、ニーバーとバルトが話している。武田さんは上手いことをしている。そんな二人のところに座らせてもらって」といったのです。そうしたら、ニーバーが「そうではないのだ。彼女が私たちに話し合う機会を作ってくれたのだ」と即座にいいました。偉い先生方というのは、アジアの小娘の考えをそんなふうに受けとめてくださっている。本当に謙虚な方々だと思ったことでした。

伝記作家が書いていることは、すべて正しいとはいえないように思えます。私は、上述のようなことで、バルトとニーバーのお二人の、とても美しい面を見させていただいたように思います。からっとした明るさで、衆人環視の中で、華々しく喧嘩もするが、「その通りだ。われわれ神学者は大きな罪人だ」といえる率直さ、謙虚さ、それはキリスト者の宝だと思ったことでした。ロールの会議はこのような素晴らしい経験を私にさせてくれました。

ついでに申しますと、この会議の帰り道でニーバーが話されたことですが、ニーバーのところで学んでいたブルンナーの息子さんが、ある時、バルトとブルンナーの論争につき、「二人は論争するが、バルトという人は、いずれにせよ、giant(巨人)だ。だから giant は楽しんで喧嘩をする」。ところが、"My father is a good man, but a poor theologian, and he suffers."といったといっておりました。息子さんの立場からの愛情と同情とをもっての父親観だったのですね。

もう一つは、このロールの会議においてドイツの再軍備をめぐって、烈しい議論がありました。そこには、マルティン・ニーメラーも来ていましたが、バルトとニーメラーは「ドイツは絶対に再軍備してはいけない」と主張しました。これは、歴史の中でのキリスト者の具体的決断の問題として活発な議論になっていきました。彼らは、「再軍備に反対することこそ、the Christian decision だ」といったのです。それに対して、ドイツ教会の指導者で、後にドイツ福音主義教会議長になったオットー・ディベリウス(Otto Diberius)をはじめ、他のヨーロッパ諸国やドイツの神学者たちは再軍備はやむを得ないという立場で賛成でした。そうした議論の中で、ニーバーは次のような意見を述べました。「われわれの持っているソ連についての知識、いろいろな状況判断、現実の世界についての知識などは、すべて有限だ。私たちのものの考え方も決して完全ではない。そういう imperfect な、limited knowledge と能力しか持たない者が歴史の中で決断するとき、それは、やはり神の前には、ある誤りを含んだ a guilty decision ではないか」と。「キリスト者は、これこそは唯一の the Christian decision だと思って決断し、行動する。しかし、自分にとっての the Christian decision は、決して絶対化できるものではなくて、神さまの前には a guilty decision、罪にそまった誤りを含んだ一つの decision にすぎないのではないだろうか。われわれの歴史の中での決断は、その the Christian decision と a guilty decision との緊張関係の中にあるのではないか」と。

この問題は、ただ単に、ドイツの再軍備の問題に限らず、歴史的現実のあらゆる問題の中での私どもキリスト者の判断、行動は、決して自己絶対化できるものではなく、それは、誤りを含んでいるかもしれないという畏れ、罪にそまったとがある一つの決断（a guilty decision）にすぎないものだという、謙虚な自己抑制が必要だということで、キリスト者の基本的姿勢を示すものとして、非常に重要だと思いました。そして、これは、さきにふれた small hopes の考え方、キリスト者の歴史観の問題につながっていくものと思います。

このジュネーヴ郊外のロールで開かれたＷＣＣの会議では、"hope" をめぐる議論をはじめ、非常に興味深い問題や出来事がありました。その後、それが、いろいろな人たちによって、ヨーロッパでも語り継がれて、いろいろ尾ひれがついて、事実でないことまでが語られるということがあったように思います。

五　ニーバーに対する批判をめぐって

最後に、ニーバーに対する批判について二、三の点において触れたいと思います。リチャード・フォックス（Richard W. Fox）の *Reinhold Niebuhr: A Biography*（一九八五年）がありますが、これはミセス・ニーバーは内容に不満のような様子でした。しかし、そのことには、今は触れません。

ニーバーに関する批判について第一に、解放の神学とか、人種差別撤廃運動をやっているような人たちから、ニーバーは〝体制の神学者〟だというようなことがいわれているようです。果たしてニーバーの思想は、差別撤廃や抑圧された人々の解放に反対するというような意味での〝体制の神学〟であるか。ヨーロッパのＷＣＣの会議などで、南アフリカのアパルトヘイトの問題とか、その他いろいろの人種差別撤廃運動、あるいは、解放の神学などをめぐって議論がなされていたとき、ヴィザトウフト博士とともに、「今こそニーバーの思想が必要なのではないだろうか」というようなことを話し合ったことがあります。私たちは、ニーバーの上述のような、キリスト者の実践についての〝a guilty decision〟としての謙虚な自己抑制や彼の社会倫理の提起する洞察と視点の欠如を痛感したからです。しかし、先日も私の青年時代以来、長年の友人である、ＷＣＣの前総幹事のフィリップ・ポター(Dr. Philip Potter、ジャマイカ人で黒人)が日本にやって来たのですが、逢いたいと前もって手紙も来ていましたので、じっくりと話し合う時をもちました。その時の話し合いの主題ではなかったのですが、話の中で、彼は、「人種差別撤廃運動の障害になっているのは、ニーバーの神学だ」というのです。二人で議論になりました。ニーバーは、人種差別の撤廃に反対しているわけでは決してなく、むしろ上述のように、キングにしても彼の影響をうけて公民権運動を進めてきたわけです。解放を主張することに反対なのではなくて、「解放のために闘っている者が自己絶対化に陥ることなく、自らの中に内包されている悪にも sensitive でなければならない」ということを彼はいっているわけです。そして、「差別撤廃の一つの改革が行われても、その彼方がユートピアではない」ということを、ニーバーはいおうとしているわけです。差別撤廃運動そのものの中にもあらわれてくるであろうところの、自らの側にもある悪への謙虚な認識、自らの中にある悪と敵の中にある悪、それは同じ根をもっていることに、謙虚な認識を持つことが重要だ、自己抑制をする心の準備が必要だということをいっていると私は思うのです。しかし、ニーバーに対して、こうした批判があることは事実です。

もう一つは、ニーバーは神学者かという問いがよく発せられるようです。これについて、私は、ニーバーは Christian ethics そして social ethics の教授であり思想家であったと思います。アメリカのプロテスタンティズムの思想と生活にラディカルな変革をもち来らせた二〇世紀の思想家であったといえると思います。キリスト教思想を神学の領域だけにとどめるのではなくて、セキュラーな文化・思想・哲学・政治・経済の領域において捉え、その領域の言葉、あるいは、概念で問題を解明し、表現する。いいかえれば、神観・人間観・社会観・国家観・歴史観の次元において、キリスト教のメッセージが理解されうるように説き、interpret し、その洞察、message の意味を明確にしようとすることが彼の特色だといえると思います。これが〝神学〟だといってもいいのではないかとも私は考えます。しかし〝神学〟をドグマティックスとして狭くとらえる傾向の強いところでは、私は、ニーバーをキリスト教思想家と呼ぶことがふさわしいように思います。それを、神学的に研究することはもちろんできるわけです。

いつか大塚久雄教授とも話しあったことがあるのですが、神学というものが日本のような風土で理解されるためには、「キリスト教思想」として捉えると、もっと分かりやすくなるし、問題提起も明確になるのではないだろうかと。「世俗史は救済史のコピーである」ということを、昨日の研究会で、佐藤敏夫教授がおっしゃいましたが、そのことは、言い換えれば、信仰の目をもって世俗史を見るときに、そこに救済史が見えてくるということではないかと思います。キリスト教に対して全然無関心の場合、世俗史がそのまま救済史のコピーだとは考えられないかもしれない。しかし、キリスト教の信仰の目で世俗史を見、それが内包する問題を明らかにしてゆくときに、そこには救済史の意味が見えてくるということなのではないでしょうか。

私がユニオン神学校で勉強していましたとき、「神学はキリスト教信仰のアポロジーである」ということを教授たちがよくいっていました。自分のもっている信仰をアポロジェティックに説明し、理論的に理解されるよう説いていくものが、神学であるということです。しかし、ブルンナーが一九五四―一九五六年にかけて国際基督教大学に来ていたときに、「日本には、信仰なしに神学を、まるでロジックみたいに語る人たちがいるのに驚いた」といっていました。これは、私はとても鋭い批判だと思ったことでした。本当に信仰があるかどうかが一番大事で、そうでなかったら、森鷗外の訳における『ファウスト』の、「あらずもがなの神学」になってしまうかもしれない。本当の神学はそうではないはずです。私は、そういう意味でニーバーは本当の意味で神学する者であり、キリスト教思想家だと言ってもいいのではないかと考えています。

もう一つの問題は、ニーバーはニヒリストかということです。ニーバーは逆説的すぎるのではないかと、近藤勝彦教授がいっておられましたが、確かに逆説的すぎるような印象を与えます。しかし、彼は預言者的思想家であったといえると思うのです。ほとんどニヒリストとさえ見えるくらいに逆説的です。「エレミア哀歌」第三章二九節に「口をちりにつけよ、あるいは望みがあるであろう」とありますが、これも逆説的です。ニーバーは『アメリカ史の皮肉』(*The Irony of American History*, 1952)の中で、「詩篇」第二篇第四節、「天に座する者は笑い、主は彼らをあざけられるであろう」というところを取り上げています。聖書的人間観はアイロニックだ。人間は独自の自由において歴史の中で決断するものだ。それ故に、人間悪は必然でもなければ、偶然でもない。運命ではないし、悲哀でも悲劇でもない。人間の責任だと彼はいいます。偽善の見せかけをする人間の歴史全体が、天上で大きな声でアイロニカルに笑い給う神の厳しい眼の下におかれている、といっています。私は、信仰なしにニーバーを読むと、ニヒリズムと受け取られる可能性さえあると思います。信仰なしにはニヒリズムと受け取られるかもしれないような問題を内包した impossible possibility の問題、それをわれわれに鋭く提起しているのが、ニーバーの思想ではないかと考えられます（なお私は、まだ読んでいないのですが、Harny J. Ausmus, *The Pragmatic God : On the Nihilism of Reinhold Niebuhr*, 1990 などもあるようです)。

六　日本へのメッセージ

最後に、日本のキリスト教の現実に、ニーバーがどのようなメッセージをもっているだろうかということを短く考えてみたいと思います。戦争中は日本のキリスト者の信仰は内面的、個人主義的傾向が強かったように思えますが、ニーバーなどの問題提起も広く受けとめられて、社会倫理の重要さは深く浸透してきていると思います。ところが、社会倫理が強調されることから、現実問題についての特定の判断、特定の行動のあり方がイデオロギー化し、絶対化されて、そして、ニーバーの言葉を使えば、〝偶像〟化してきた面も、時として、あるのではないでしょうか。そして社会問題の判断の仕方、社会的活動の仕方のちがいが、キリスト者の間に派閥化し、自分たちと対立する他の人、他のグループ、自分と違う考え方や異なった決断をする人を、悪のように見、拒否するというような問題が見られるのではないでしょうか。社会倫理が一つの教条主義になり、偶像化するような状況が見られる面もあるのではないでしょうか。そのことに対して、私たちは、ニーバーが常に繰り返し「自分の中にも、自分が敵視するものと同じ悪の根があることを知らなければいけない」「社会正義を実現するための行動の中にも悪の可能性が内在している」ということをいい、「その悪を克服しても、その彼方は、決してユートピアではない」といっていることを思いかえしますと、謙虚な自己批判、自己抑制が示唆されているように思います。そして、それは、自分と考え方、行動の仕方の異なる人たちへの寛容にもなってゆくのではないでしょうか。私は、そのことが今日の日本のキリスト教界にとって本当に大事なのではないだろうかということを考えさせられます。

2　日本思想史におけるキリスト教
――浅野順一にふれて

一　キリスト教と日本の精神的土壌――対決と接ぎ木

「近代日本思想史における浅野順一」という題で語れといわれたのですが、その題で話すには浅野先生をもう一回勉強し直さなくてはならないし、それだけの時間が今はないし、というようなことで、結局「近代日本思想史におけるキリスト教――浅野順一にふれて」という、ちょっと消極的な題にさせていただきました。大上段に浅野順一を近代日本思想史でとらえる用意が十分にできないという、ためらいがあったからでした。

キリスト教が日本の精神的土壌とどういう出会い方をしてきたか。これは非常に大きな問題です。私は『人間観の相剋』『土着と背教』『正統と異端の〝あいだ〟』などの著書の中で、幾つかのアプローチ、類型を提起してきていますが、基本的にいって、「対決的アプローチ」と「接ぎ木的アプローチ」の二つの結合が、キリスト教の日本の精神的土壌との出会い方において、健全であり、大事なのではないかと考えています。

それでは、「対決的アプローチ」とはどういうアプローチであるかをまず考えますと、日本の精神的土壌が内包しているキリスト教と相矛盾し、相反する要素を見分けて、それと対決するということです。例えば、人間の尊厳を無視するような考え方もその一つです。一八七二(明治五)年に、マリア・ルイズ号事件というのがありました。横浜についたペルーの船に、中国の苦力《クーリー》がたくさん乗っていて、日本政府や民間人が、「あれは奴隷に売られるのだ。奴隷船だ。けしからん」と攻撃をしたことがありました。ところが、その船長から、「何をいうか。日本では人身売買をやっているではないか。芸者や娼妓、年季奉公などは人身売買ではないか。自分たちが人身売買をやっていながら、我々を奴隷売買と非難できるか」と反撃を食らいました。日本の政府は言葉がなく、大あわてで、その年一一月二日付で、非常に形式的なものですが、人身売買禁止令を出します。根本的には貧困に原因があるわけですが、人権無視の思想も根底にあって、昔、深川などには、埼玉県とかいろいろなところから、小さな子供や娘を売りに来たといわれています。そういう子供たちや娘ががやがて芸者や娼婦にされていくわけです。年季奉公にしても、親が前金をもらって、二〇年年季とかで売られるのと同様です。こんなことは今さら言うまでもないことですが、日本にはこうした人身売買がありました。

あるいは、福沢諭吉が「日本国は婦人の地獄なり」(『日本婦人論』)と言っているような、婦人の地位の問題、差別の問題など、いろいろあります。これらはすべて、「人間の尊厳」を否定する考え方や問題とどう対決し、闘うかの問題です。

また、「偶像崇拝」との闘いがあります。この「偶像崇拝」との闘いには、多神教的ないろいろな神々を信じる迷信的、呪術的な信仰形態との闘いで、例えば、安中などでは、一神教の信仰に立つために、キリスト教信徒が、神棚を川に流したとか、神社参拝を拒否して家に火をつけられたとか、いろいろなことが、明治初期にはありました。

しかし、そういうことだけではなくて、「習慣」が一つの偶像になっていたこともあります。徳富蘇峰の著書の中に非常におもしろい文章があります。日本において封建時代に誰が支配者であったか。「藩主にあらず、領主にあらず、習慣なり」と、「習慣」(custom)というものに藩主も、家臣も、皆が従っていた。目に見えない「慣習」が偶像になっていたことを述べているわけです。

あるいは、地上の絶対者、天皇が神とみなされる「日本神国論」とか、天皇制的、絶対主義的国家などが偶像視され、それへの絶対的服従が要請されてきたというようなタイプの偶像崇拝もあります。こうした諸々の偶像崇拝との対決も、日本のキリスト者たちにとっての重要な課題でした。明治以来のキリスト者は、否定的な要素を厳密に見分けて闘ってきました。明治二〇年代の「教育と宗教の衝突論争」、内村鑑三のいわゆる「不敬事件」をめぐる論争において植村正久は、「皇上は神なり、之れに向て宗教的礼拝をすべしと云わば、われら死をもってこれに抗せざるを得ず」といい、『福音週報』が発行禁止になってもこのプロテスタントの姿勢を堅持しています。同志社の教師時代の柏木義円(後の安中教会の牧師)なども同様です。そのように明治以来のキリスト者は非常に厳密に一つひとつの問題を見きわめ、キリスト教の真理と相容れない要素とは大胆に対決してきました。それを「対決的アプローチ」、あるいは、「対決型」の範疇に入るものと私は考えます。

もう一つは、「接ぎ木(graft)的アプローチ」です。内村鑑三の書いたものに、「接木《つぎき》の理」という文章があります。渋柿の台木に甘柿の枝を接ぐと、渋柿ではなく、甘柿の実がなる。台木が悪くても、その上に良い木を接げば、良い実がなる。信仰というものは、罪人である我々、渋柿のような台木に、イエス・キリストを接ぐことによって、イエス・キリストの実がなるのだと言っていて、短いけれども非常に味のある文章です。

「ローマ人への手紙」第一一章の中で、パウロは、野生のオリブの枝について語っていますが、都会人であったパウロは植物のことをよく知らず、接ぎ木の理を理解しないで逆のことをいったのではないかと、バルトがどこかで書いていたように記憶します。

「接ぎ木的アプローチ」は、日本の精神的土壌をすべて否定するのではなく、「日本の旧約」ともいうべき、土着の文化(indigenous culture)、伝統的文化に内包されている良き要素を見つけ出し、そこにキリスト教を根づかせようとするというアプローチです。

例えば、これは浅野順一にもつながりますが、植村正久は「志」という言葉が好きでした。植村は全身全霊をもってキリストに従う信仰を、「志」と表現しています。石原謙は、「植村正久の信仰は志の宗教である」という文章を一九三二(昭和七)年の『福音新報』(一月一四日)に書いています。

「如何なるものを信仰というか。信仰は形式でない。解釈でない。ある説明に対して然り然りと首肯するだけの事でない。単に解る事でない、信仰は即ち志である。基督の命令を奉じ、それに志を傾け、誠意を以て従う事である。つまり、全身全生涯を悉く主イエスキリストに投じ、凡の物を擲って、その御供をするのが信仰である。」(植村正久『信仰の生活』)

非常に武士らしい表現ですね。植村は、「人間の志」以上の「志」である「神の志」を尊んで、これに自己の志を投じ、全生涯をことごとく捧げること、それが信仰だといいます。それは後にお話しする浅野先生の「忠誠」(loyalty)の問題につながると思います。

この「志」の概念を、植村正久は王陽明の思想である陽明学から得ています。王陽明の「立志」に重要さがあるといっています。彼は「志」を「宗教的アスピレーション(aspiration 熱望、大望)」だといいます。山上の垂訓の精神は王陽明の思想の中にすでに垣間みられているのではないか、ともいっています。また、「この志は我々日本人が先人から受けついだ精神的宝である。信仰はキリストにおける志である。教会はこの志を同じくする者どもの集団である」といっています。

このように日本では、横井小楠のいた福井藩、後でふれる大原孫三郎の倉敷、熊本、高知など、儒教の中でも陽明学が盛んであったところに、キリスト教が根をおろしてきました。そうした内発的、土着的価値観を、植村正久は「志」という概念でとらえているわけです。

私たちの先祖から受けついだ「志」という内面的な、宗教的熱情を、神に向けていく。神の志を尊んで、それにコミットしていくということです。これは接ぎ木的アプローチの一つの例だと思います。

植村正久における「知られざる神」（「使徒行伝」第一七章二三―二四節）を彼の「黒谷の上人」（一九一一年）において見ることも興味深いと思います。パウロはアレオパゴスの評議所で多くの神々を敬うアテネ人たちに、あなたがたが拝むものの中に「知られざる神に」と刻まれた祭壇もあるのに気がついた、そこであなたがたが知らずに拝んでいるものをいま知らせてあげよう、と説教しました。植村は法然、親鸞らの悪人正機の信仰（『歎異抄』の「善人なおもて往生をとぐ、いわんや悪人をや」）には、汎神論的仏教哲学ではなく、贖罪論的救済観や人格本尊的信仰態度が見られるといい、「仏教者（法然・親鸞）は非仏教的真理（キリスト教）の一端を看破し得たるが為に、強いて往生の素懐を遂げしものならん。彼らは其の「識らざる神」に依りて祝福を得たり」といっています。ここにも、植村が、浄土教、浄土真宗の信仰にキリスト教を接ぎ木する台木を見出しているように思えます。

もう一つの例を考えてみると、新渡戸稲造の『武士道』があります。新渡戸稲造の『武士道』をここでは詳しくは取り上げませんが、「義」を義理ではなく「正義（justice, righteousness）」につなぎ、あるいは、儒教的「仁」の概念を「愛(love)」につないでいこうとする。「礼」も、地位の高い人への礼儀とか、地上の人間関係の礼節ではなくて、人間の社会的かかわりの問題(sociality)としてとらえている。

「忠義」についても、菅原道真を陥れた人が菅原の息子を殺してしまおうとした時に、旧臣が自分の息子を代わりに殺して、それを菅原道真の子供の首だと言ってさし出したことを取り上げ、アブラハムがイサクを献げようとしたのと同じように、キリストが我々のために贖罪の死を遂げた贖いの死(atonement)につながるものとして、「忠義」を語っていますが、これはこれから取り上げる浅野先生の好きな言葉です。浅野先生はアブラハムがイサクを献げたように、長男を神に献げたいという気持ちで、「献一」とつけられたのではないかと思いながら、献一さんのご結婚の時のことなども思い出すのです。

それから、恥を知るということについても、ルース・ベネディクトの『菊と刀』は、恥の文化(shame culture)と罪の文化(guilt culture)を対極的に二分化(dichotomize)して論じています。dichotomizeするのは社会学者の研究の方法だからよく分かるのですが、新渡戸稲造は、恥を知ることが神の前に罪を知ることにつながるのではないかと、「廉恥」の思想から「罪」へとつなぐ道をつけようとしています。このように新渡戸稲造は、矢内原忠雄が「日本思想の解明」と副題をつけているように、武士道、日本思想の構造を解明しながら、その土壌の中から、キリスト教が根を下ろすことのできるような普遍的価値を掘り起こそうとしている。こういうアプローチも、「接ぎ木的アプローチ」といっていいのではないかと思います。

内村鑑三の『代表的日本人』などについても、私はよく物に書いたりしていますが、五人の人間像それぞれの中に、キリスト教が根を下ろす価値観を掘り起こしています。

植村正久、内村鑑三というような人は、「対決的アプローチ」と「接ぎ木的アプローチ」の両方を結合させた人だと思います。新渡戸稲造は、接ぎ木的アプローチのほうが強くて、対決的アプローチは希薄な印象を受けます。そのために、彼は思想家としてはおもしろいが、福音と日本の伝統的思想との対峙・対決という点からは、ある弱さがあるように思います。私は日本のキリスト者が日本の精神的土壌に出会う、そして、対決し、それを変革(transform)し、革新する時に、この二つのアプローチの結合が生産的であり、非常に大事なのではないかと考えています。

明治以来の日本のキリスト者たちは、伝統思想についての教養が高く、日本文化を非常によく知っていました。ですから、『詩篇』や『イザヤ書』の植村正久の訳はすばらしい文学的価値を持つと評価されてきました。日本文学、日本の文化についての教養を深く持っていた。だから日本文化に誇りを持ってますね。誇りを持っていると同時に、そこに内包されている悪の要素、恐さもよく知っているわけです。自分たちの文化の持っている毒と、多少薬になり得るのではないかと思える要素とを、鋭く見分ける。文化、思想は非常に両義的(ambivalent)な二つの要素を内包しており、それが、黒と白に分かれていればわかり易いが、灰色のように絡み合っている。その中から白と黒を見分ける。両義的なものから良きものと悪しきものとを見分けていくことが、思想史の研究では、非常に難しい課題だと思います。そして明治以来のすぐれた思想家は、日本の文化のこうした内実を鋭く見分けていたのではないでしょうか。このことを、いつも、はっとさせられるように、学ばせられています。

二　日本思想史における浅野順一

以上が日本思想史におけるキリスト教についての断片的な話ですが、そこで、日本思想史における浅野順一について考えてみたいと思います。これを論ずるのはちょっと恐いのですが。以前にもどこかで書いたことがありますが、浅野先生は「求道者的な伝道者」であったと思います。決して上下《かみしも》をつけた、制服の、立派な、でき上がった神学者とか伝道者ではなく、普段着のままの牧者だったのではないか。

浅野順一の自伝『たましいの足跡』を読んでみますと、最近亡くなられた永年の友である上遠章さんとお母さまに、中渋谷教会の牧師森明が、「「順一君は良くなれば人に影響を与える人間になるが、悪くなれば社会に害毒を流す危険がある」としみじみと警告された」と、ご自分で書いておられます。いろいろな人が先生について書いたり思い出を語っている中で、私もそう思うのですが、先生の言葉には不思議な真実さがあった。先生の人格の一番深いところから出てくる何ものか、神の前に立っている一人の砕けた魂としての信仰者の姿が、先生にはあった。非常に誠実な牧者であったと思います。美竹教会がまだ青山学院の階段教室を借りて使っていた時に、先生がつぎのようなことを皆の前で告白なさったことがいまだに深く印象づけられています。

それは先生が軍隊でたばこを吸うことを覚えられたということについてでした。

「今日は皆さんに告白したいことがある。私は軍隊にいる時にたばこを吸うことを覚えました。キリスト者がたばこを吸ってはいけないと、本当は自分は思わない。外国ではお尻から煙が出るほどたばこを吸っている牧師や神学者をたくさん知っている。けれども、日本では、キリスト者はお酒も飲まない、たばこも吸わない伝統ができている中で、牧師がたばこを吸うのはぐあいが悪い。それで、軍隊から帰ってから、いつも隠れて吸っていました。人に隠れてたばこを吸っているのは、非常に恥ずかしいことです。今日はこのことを皆さんの前に告白して、私は今日以後たばこを吸うことをやめます」

と、おっしゃったんですね。

私は、罪の告白とはこういうことではないかと思うんです。何か観念的な罪の告白ではない。その後ろには人間のエゴイズム、自己弁護、自己を覆い隠す人間的な sinfulness がある。たばこを人に隠れて吸って、人の前では吸っていないような顔をしている自分、その底に「罪」がある。その

浅野順一．高円寺新泉教会にて泰子夫人と．1975 年頃．
〔提供＝西村光子〕

罪の現実をみんなの前に告白した。先生はそういう自分の一番深いところにある汚いものを、神と人の前に告白できる方だった。ああいった告白は、青年たちには衝撃だったと思います。そのことは、自己を凝視する、神の前に立つ「私」を見出すことを考えさせる。身をもって自分の汚さをさらけ出しながら、神の前に告白しながら、神の前に立つとは何か、神によって心の隅の隅まで見られている「私」という実存の醜さ、恐ろしさを直視させる、そういう牧師でいらしたと、私は思います。

こうしたことは、日本の精神的伝統の問題とはちょっと違いますが、浅野先生が、どのような牧師であったか、私がどのように先生を受けとめていたかに、まずちょっとふれたかったからです。

これも私はどこかに書いたことがあるのですが、私が結婚する時に、あの頃、私は日本ＹＷＣＡの幹事として諸大学のキリスト者学生たちの責任を担っていました。そういう立場だったから余計そうだったのだと思いますが、教会で洗礼を受けていない一人の若い者と結婚するということで、いろいろと批判を受けました。「キリスト教信者でない者と結婚するとは何事だ」と。もちろん、神に従って生きようと思い、聖書を熱心に読む人間ではありましたが、教会で洗礼を受けた信者ではありませんでした。そういうわけで深く思い悩んでおりました。

その時、浅野先生が、「キリスト者とキリスト者が結ばれたからといって、これこそは理想のクリスチャン・ホームだと言える家庭がどれだけあるでしょうか。自分の家庭を真実なクリスチャン・ホームであらしめるよう、人生の終わりに至るまで祈り求めていく以外にないのではないでしょうか」と言ってくださいました。それに私は大変励まされました。また、「われ信ず。信仰なきわれを救い給え」と神の前に立つ人生へのまむかい方、生き方を、深く先生から学ばせていただきました。

先生には『苦難と虚無』というご本がありますが、その中で、

「さてヨブは如何にして問題の解決を与えられたか。まず第一に注目さるべきことはヨブが彼を痛く撃つ神の手に助けを求めていることである。……ヨブにとってヤーウェはイザヤ書のい

わゆる『撃ちて医し給う神』なのである。われわれはここに彼を撃ち彼を突きはなす神の手を必死に握らんとするヨブの懸命な信仰的態度をみるのである。」

そして「イザヤ書」第四六章第四節を引用されています。

「わたしはあなたがたの年老いるまで変らず、

……あなたがたを持ち運ぶ。

わたしは造ったゆえ、必ず負い、

持ち運び、かつ救う。」

ここに先生の信仰、自分を突き放す神の手に必死でしがみつく浅野先生の真実な信仰の姿を見るように思います。

今朝もこちらへ来ながら、先生の『静かにして恐れるな』という、預言者イザヤのご本を読んでいました。その中に、「撃っていやす」神とあります。「必ず(神は)その傷口を縫い、そしてその傷を包帯で包み、いやすようにされる。」

このように「撃っていやす」神と、繰り返して先生はおっしゃっていますね。

「要するにもし撃たれたことによって心から苦しみ、悔い改めるということがあれば、神はそれをいやし、もう一度立ち上がることができるようにする。それは人間の歴史に対する神のあわれみの計らいであると申してよろしい。」

撃ちて、そして、いやす。こういう先生を私は牧者として尊敬し、愛し、私も撃たれつついやされる信仰を、先生を通して示されていったように思います。

そこで、先生は、日本人に、日本の言葉で、分かりやすく福音の真理を把握して宣べ伝えることが大事だと言われました。そうすると、日本思想史において浅野順一は、どのように、日本人に、日本の言葉で、分かりやすく福音の真理を宣べ伝えたか。先ほどの「たばこ」などもその例だと思います。浅野順一のそういう問題を、今日は二つぐらいの問題点において考えてみたいと思います。

天皇制、および、忠誠について

まず浅野先生は、キリスト教信仰に立ちながら、「天皇制」、ないし、「忠誠」についてどのように考えていたのかということです。そして、それを、弟子たちはどう考えたか、という問題につながると思います。岩波新書の『モーセ』の中で、新渡戸稲造の『武士道』の影響を受けたアメリカの哲学者、ヨシヤ・ロイスの『忠義の哲学』について、先生が書いています。初めにご紹介したように、先生もそう考えていたのだと思いますが、植村正久が「信仰は節操だ」「信仰は志だ」と言ったことを思いかえしながら、キリスト教の精神も忠節(loyalty)にあるとロイスが言っていることに共鳴し、「人間の誠実さ、忍耐強さ、誠実さの持続性」なしに、社会は保持できないのではないかと言い、そこから先生は、国家への忠誠ということを考えていったのではないかと思います。

ここにおいでの方々で覚えておられる方々もあるかと思いますが、美竹教会では、元旦に「君が代」を歌ったことがあります。それを「なぜ君が代を教会で歌うのか」と、私たち若者は皆で反対しました。遂に、先生は教会で「君が代」を歌うことをおやめになりました。

浅野先生は天皇擁護論者であったかもしれない。天皇の詔勅によって日本が滅亡を免れたと言われたこともありました。戦争責任問題、ポツダム宣言受諾の決定における天皇の役割などについては、戦後日本でいろいろと解釈され、論議されてきたことです。しかし、浅野先生の天皇擁護論の意味をお弟子たちがどう考えているかは、非常に興味深いことだと思います。日本は、ポツダム宣言を受諾、終戦の詔勅が出され、日本の軍隊が全部無条件降伏した。私は『天皇観の相剋』という本を書いていますが、あれは、敗戦の時に天皇制について各国がどう考えたか、日本の民主化を目ざす上にどういうふうに天皇制を取り扱い、占領政策が行われたかについての一つの実証的な研究です。

戦争末期から終戦直後の時期にかけて、天皇こそは戦争犯罪者のナンバー・ワンにすべきだという意見がオーストラリア、中国、ソ連などで非常に強かった。イギリスの公文書館でこの問題を調べていた時に、とてもおもしろい資料を見つけました。極秘の電報がオーストラリアとイギリスの外務省との間を行き来していたのですが、天皇を戦犯リストのナンバー・ワンにすることの了承を求める電報が幾つも来ていました。それに対して、終戦後のイギリスからは、「いや、彼を戦犯にしてはいけない。彼は大きな財産だ(great asset)。彼をもし戦犯にするならば、七千万(当時の日本の人口)の friendly な日本人を全部敵にすることになり、占領政策の遂行は困難になる。それよりも、むしろ、民主化に協力的な天皇を利用したほうが賢明だ」というような返信が打たれていました。

当時日本の天皇制に関して、二つの見方が連合諸国にはありました。日米戦争開始の頃までアメリカの駐日大使だったグルーは、超国家主義者や軍国主義者を排除すれば、日本は、日本独自の民主主義化が可能だと思うといい、さらに、「天皇は日本国民にとって女王蜂(queen bee)のような存在だ。女王蜂を取り去ってしまったら、日本社会は混乱状態に陥り、社会の秩序は保てなくなるだろう」と言っています。我々日本国民が女王蜂に支配されている蜂だというのはずいぶん失礼な見方だと思いますが、そういう側面が、日本の社会には、なくもないかもしれません。

美竹教会のどなたかがお書きになった文章の中に、浅野先生が下痢をして休んでおられた時、天皇制反対の議論をしている青年会の人たちのところへ隣の部屋から這い出してきて、「地方へ行ってごらんなさい。天皇が来たと言って、みんなひざまずいてお辞儀をしていますよ。あなた方みたいなことを言っているから、日本にキリスト教は根を下ろさないのだ」と言って、また這っていって寝られたというようなことがあるのを拝見したことがあります。浅野先生も天皇の女王蜂的な側面を見ておられたのかもしれません。

他方、天皇こそは、日本の軍国主義、侵略主義のかなめ石だ、だから天皇制を廃止しなければならないという見方がありました。こうした天皇制廃止による民主化論と天皇を保持しながらの民主化論という、相反する二つの立場があって、アメリカの国務省内でも激論をたたかわせていました し、中国でも、イギリスでも、また各国の間でも、大変な激論がたたかわせられていたことが、調べていくうちに明らかになり、興味深く思いました。

こういうふうに、天皇制が、相反する二つの性格を持つものとして外国人に受けとられていたということは、つまり、日本の天皇制が内包していた二つの天皇観、即ち、絶対主義的、大権主義的天皇観――それは、極端な形では昭和前期の国体明徴思想、超国家主義へと展開した天皇観と、大正デモクラシー、天皇機関説などに見られたような、憲法の拘束を受ける制限君主的天皇観との二つの特質ですね。明治憲法を起草した伊藤博文自身二重の解釈をしていました。こうした、二つの側面が、外の鏡に映った姿だったとも言えると思います。日本を民主化していく上に、天皇制を廃止すべきか、それとも、どのようにして民主化に協力的な天皇を利用するかという二つの処方箋が生み出されたわけで、結局は、「人間宣言」をした人間天皇を占領政策にも利用するという政策がとられたわけですね。天皇自身も彼自身の思想からも、まじめにそれに協力しようとした、ということだったように思います。そのような問題は、私の『天皇観の相剋』(岩波書店)の中で詳しく書いていますので、今は省略します。

そこで、浅野先生が、天皇、あるいは天皇制の擁護論者であったからけしからんか、という問題です。天皇制とは何か。明治以来つくられてきた天皇を頂点とする国家体制としてさきにあげた二つの天皇観のうち、例えば、昭和前期に、前者が絶対化され、国体明徴思想、超国家主義となり、「天皇制イデオロギー」となっていったわけで、そのイデオロギー以外のものを全部拒否する。天皇制イデオロギーとは自らと異なるものをすべて拒否するところの絶対主義的イデオロギーです。したがって、「天皇制打倒論」を唱える人、あるいは、グループの思想の本質は、実は絶対主義的な天皇制イデオロギーと呼んでもいい場合もあります。その故に、多くのキリスト者がひんしゅくして、あのような人たちはかなわない、と思うような思想と行動様式を持つ人たちもいると思います。

他方、人間天皇の存在を肯定する人でありながら、実は多様なものの考え方や行動様式に寛容な、リベラルで、デモクラティックな思想を持つキリスト者もいます。

ですから、天皇を容認するかしないかということだけで色分けをすることは、不適当だと私は考えるようになっております。

そういう意味では、浅野先生は決して絶対主義的イデオロギーの持ち主ではなかった。ヨシヤ・ロイスのような忠義、アブラハムがイサクを神に献げようとしたような忠誠、「志」によって、日本国民を一つにつないで社会を形成していくことが大切だと、浅野先生は考えておられたように思えます。別に私は、浅野先生のすべてに賛成するわけではありません。浅野先生が天皇を愛し、敗戦直後の説教で、戦争を終結させた天皇を、エレミヤの役割を果たしたと言われたことなどは、言い過ぎだと思います。しかし先生には、天皇制イデオロギーの危険性の分析をするよりは、あの世代の方に多く見られる日本国民としての忠誠心があったのではないか。そういう意味では、天皇制打倒論を唱えるある人たちよりも、先生のほうが遥かに本当にリベラルな思想家だったのではないかと、私は思うわけです。

自己と異なる考えを持つ者を非人間的に、人格を無視して攻撃するような、中国の文化大革命当時のあの少年たちと同じような思想的態度、行動様式が、日本のキリスト者の中にも多く見られたように思います。それは浅野先生の立場とは違うのではないか。浅野先生に従っているようであって、浅野先生とは異質の行動様式だったのではないか。そんな感じがします。この点はご反対があるかもしれません。

社会問題への関心

もう一つは、社会問題、あるいは社会変革、社会正義を実現することに対する先生の共感、考え方についてです。明治以来、キリスト教社会主義者がいますし、社会をよりよくするためにどうしたらいいかということに関心を持ち、貧困の問題、労働問題、社会矛盾の問題、政治の悪の問題、戦争の問題等と取り組んできた人々がいます。その中には、木下尚江のようなキリスト教社会主義者もあり、彼は、『火の柱』、その他、社会矛盾をテーマとした小説もいろいろ書いています。浅野先生は、常に、いわゆる進歩派、社会主義や社会問題に関心を持つ人々に寛容で、関心を持っておられるという印象を受けました。ですから、あの老牧師は、マルキシズムや社会主義に迎合している、というように見る人がいたと思います。

しかし、私は、この度、先生のお書きになったものを読みかえし、ことに、『たましいの足跡』などを読みかえしていくなかで、非常におもしろい発見をしました。それは、先生が小学生時代に、お母さまの療養のためでしょうか、大磯に行っておられた。そしてメソジスト教会の伝道所の日曜学校に出席しておられたことがあり、隣の村のクリスマスの祝会に、一人の東大の学生であった青年と一緒に行ったが、あるところは肩車をしてもらった覚えがある、と書いておられます。そして後に先生は府立第一中学(現日比谷高校)に入学された。先生は謙遜して、まぐれ当たりで入ったのだと書いておられますが、第一中学に入るのは大変難しかったと思います。

その時に下宿したのが、昔、大磯で隣村でのクリスマス祝会への道で肩車をしてもらった高田慎吾という人の家だったというのです。この人は東大を出て、内務省の役人だったが、その後、退職して「大原研究所」に入った人でした。大原社会問題研究所にはマルクス主義者も幾人かいましたし、社会主義者もいました。それで、私は、この度、この高田慎吾とはどういう人だったのか、この人について調べたくなりまして、大原社会問題研究所をつくった倉敷紡績の創設者、大原孫三郎の伝記を読んだりして少し輪郭がわかりました。先生にはこの高田さんの影響があった。その人から、その頃出版された河上肇の『貧乏物語』など、社会問題関係のものを読みなさいと勧められた。「そういうものが一生涯自分の関心になっていった」と書いていらっしゃいます。

大原孫三郎は孤児院を創設した石井十次の影響でキリスト教に入った人です。この人は若い頃にはずいぶん放蕩した人のようですが、キリスト教に入信して、倉敷紡績を興すとともに、石井十次の孤児院を助けたり、何か社会のためにいいことをしたいと考えた。その頃の慈善事業や救済事業のやり方は貧民にものを与えることみたいなことだったので、そうではない、もっと基本的な社会問題の解決は何かということだということで、大阪に「大原社会問題研究所」をつくったのでした。そこには河田嗣郎とか、所長になった高野岩三郎、東大でクロポトキンの論文をめぐって問題になった森戸辰男、櫛田民蔵、細川嘉六などが招かれてきていました。この研究所と並んで、「大原救済問題研究所」というのが大阪に創設され、そこにこの高田慎吾は招かれてきていたのでした。彼は、東大を出てからアメリカに行って、児童保護や社会事業などについて基本的に研究した人で、内務省で少年保護の仕事をしていた役人だったのですが、そこから引き抜かれて、大原救済問題研究所の所員になった人で、終始、児童問題を研究した立派な人物だったようです。

高田慎吾さんのことをあまり詳しく語る必要はないのですが、このようなことを調べているうちに、私は、浅野先生の社会問題への関心の背景がハッとわかったように思いました。高田慎吾さんに小学生の頃に肩車をしてもらった。中学校時代にその家に下宿して、尊敬していた。その人から『貧乏物語』を読んでごらんなさいと言われ、貪るように読み、社会問題に目が開かれたと書いておられる。浅野先生の社会問題への関心は、決して付け焼き刃的なものではなくて、子供時代からそのように親しく尊敬していた高田慎吾さんの影響だった。この人は大原研究所の一翼を担う幹事になっていく人ですが、そういう人の影響があった。

また、東京高商(現一橋大学)時代に学校はつまらなかったが、先生はあの頃、カウツキーの書いた『資本論解説』(高畠素之訳)を手がかりに、河上肇の雑誌『社会問題研究』に連載された直訳風の『資本論』などを一生懸命に読んだといっておられます。そのように、先生には社会問題への関心がずうっと、底流をなしていたのではないか。ですから、いいかげんな気持ちでの青年への迎合ではなかった(そう思った人もいたようですが)と私は思います。

そういう意味で、旧約聖書の学者であり牧師であると同時に、社会問題、社会矛盾に対する関心の背景に、今度、この講演の準備をしていて、高田慎吾という人を新しく発見したのでした。

そういうことから考えますと、歯に衣を着せずに言えば、一九七〇年代の、中国の文化大革命の影響をもろに受けて、日本で展開したあのラディカルな学生運動、全共闘運動、思想運動、キリスト教会の運動などの中で、その運動にも先生に責任があるかのごとく言われて、先生がその形成に努力された大学とは不幸な関係になった。先生が育てられた美竹教会も四つ、五つに分裂した。一つの非常に不幸な状況に、先生が責任があるかのように見られた。けれども、先生が高田慎吾さんとのつながりの中でずっとはぐくんでこられた問題意識、社会矛盾にキリスト者として取り組まねばと考えられた先生のその思いを、あの運動は果たして担っていたかということに対して、私はいろいろ問題を考えさせられるところがあるわけです。

お年を召した牧師の先生が、あの当時、あの運動を社会科学的に、そして思想的に分析して、これはどういう種類の運動であるかと見分けることまではできなかったかもしれない。先生は、つい、それに乗せられたかもしれない。足を滑らしたかもしれない。しかし、先生の中には、日本の明治時代のキリスト者たちが思想史の中で真摯に問うてきた社会正義というものへの、非常に純な願いがずっと流れていたのではないだろうかという思いで、やはり先生を弁護したい気持ちが、私には強くあります。

残された問題

そこから残された問題を一、二申し上げておきたいと思います。

一つは、マックス・ヴェーバーが『職業としての政治』の中で提起している「心情倫理」と「責任倫理」の問題です。正しいと信じたことを行動に移して、あとは神様に委ねるというのが「心情倫理」です。「責任倫理」の原則のもとに生きるということは、自分たちの行動がもたらすであろう結果、その副作用にまでも責任を持つということです。この二つの倫理の提起する問題の重要さを彼は述べているわけです。

心情倫理にキリスト教会のある部分が突進する、キリスト教会に限りませんけれども。どのような副作用が後に残るか。それはあの頃のドイツの状況の中でヴェーバーが言っていることですが、一九七〇年前後の思想状況の中で、私は大塚久雄先生などと、ここの部分の示唆することの重要さについてよく話し合いました。責任倫理がいかに大事か。ラディカルに進歩的な運動のようであって、結果的には、あの事件から、日本は非常に反動化しましたね。そういう副作用の問題がありました。

もう一つは戦争責任の問題です。第二次世界大戦後、浅野先生は侵略戦争への責任を説き続けられましたし、また今日、私たちもあの戦争に対する日本軍国主義の責任をおわびをもって表明する国会決議が必要だと思うし、従軍慰安婦の問題とか、不当な被害を受けた人への償いなど、いろいろ日本国民として明確にすべき問題があることは言うまでもありません。はっきりと言わなければいけない。ドイツ連邦大統領ヴァイツゼッカーは、「過去に目を閉ざす者は現在にも盲目となる」と言いましたが、そのようなことは私たちにとって非常に大事だと思います。

国家を叱る、国家のあり方に対して問題を提起することの大事さは言うまでもありません。

それと共に、日本のキリスト者の間に一九七〇年前後にあった一つの〝戦争〟への責任は不問に付されていていいのかということが、私は、残っている問題だと思います。

キリスト者は皆不完全ですから、ある時に、これこそは、キリスト者としての唯一の決断(the Christian decision)だと考えることがある。それは、ある仮説に基づいているわけですね、この状況はこういう問題をはらんでいると考えられる、だからこういう行動が必要なのだと。しかし、それは、たくさんの仮説があり得る中の一つの仮説であるわけです。その一つの仮説に基づいて、これこそは唯一の the Christian decision と考え、行動し、それ以外の考え方に立つ人、自分と異なる行動をする人を全部「悪」か「敵」のように見てしまう権利が私どもにあるのでしょうか？　私どもが持つ知識や判断は決して絶対的で正しいと断言できるものではありません。自分の根拠にしている一つの仮説、一つの考え方は誤っているかもしれない。

かつて私がヨーロッパで、バルトやブルンナー、ニーバー、ニーメラーなどと共に世界教会協議会(WCC)の会議に出席して話し合った時に、〝the Christian decision〟と〝a guilty decision〟とが問題になったことがあります。キリスト者の信仰も不完全だし、得ている情報も非常に部分的だ。そういう意味で the Christian decision と判断することが、神様の前には、誤りを含んだ、とがある a guilty decision でしかあり得ないのではないか。自分の判断や行動は誤っているかもしれないという保留、謙虚な自己抑制がなければならないのではないか。

浅野先生は常に、私のやっていることは a guilty decision だと考えておられたように思えます。撃たれて、そして癒されなければならないという先生の最後まで持たれた信仰を思いかえすことの大切さを痛感します。日本のキリスト教会の歩みの中にあった、あの「一つの戦争」——それはまだ解決がついていないのではないでしょうか？　まだ本当に和解がなされていないのではないでしょうか？　プロテスタントとカトリックを合わせても、日本の人口の一パーセントあるかないかのキリスト者が分裂していて、どうして日本の土壌に福音が根を下ろしていくことができるでしょうか。キリスト者が一つになって協力しなくてはならない任務です。一つになるためには、本当におわびし合わなければならない。いいかげんなおわびや和解ではなくて、撃たれて、砕かれて、そして癒されることなしには得られない和解が求められているのではないでしょうか。

浅野先生は未完成な牧者のような姿において、今日の日本のキリスト者が問わなくてはならない、未解決の、非常に大事な問題を私たちに残してゆかれたのではないかと考えさせられます。日本人はその思想と行動様式において、常に一元論的な、絶対主義的になりがちな傾向を持っている。浅野先生は、自分と対立した立場の人についても、「悪口を言わないでくれ。あの人は私の育ててきた人なんだ」と言い続けられたと聞きます。日本の思想史の中に根を下ろしていくキリスト教であるために、何を脱皮し、何から解放され、自分のなかの何を打ち砕かれなければならないのか。それを真摯に問うてゆく上に、浅野先生の姿がもう一度本当の意味で受けとめ直され、もう一度、本当に謙虚に、先生の誠実な信仰から聞き直していくことが大事なのではないかと考えさせられるものであります。

あとがき

本書に収録したものは、大部分が講演の記録であるが、それらがはじめ印刷される折に講演速記録に加筆、訂正を行った。この度、一書として出版されるにあたり、表題の表現を多少変えたものがある。さらに、ある部分は大幅に削除し、また、ある部分は加筆した。

これらの最初の発表の場所と年月は次の通りである。

第Ⅰ部　戦後デモクラシーの根を探る

1　日本思想史における大正期――戦後への展望

慶応義塾福沢研究センターにおける講演。『近代日本研究』第十巻、福沢研究センター、一九九三年

2　吉野作造の民本主義――土着的デモクラシーの根を培う

吉野作造没後六〇年記念講演。「吉野先生を記念する会」、宮城県古川市、一九九三年三月

3　伝統的価値の革新と戦後デモクラシー――新渡戸稲造の教育思想

東京女子大学における講演。『日本人とキリスト教』(小川圭治編) 三省堂、一九七三年六月

4 土の匂いのするデモクラシー――市川房枝の思想と行動

『市川房枝集』別巻(財団法人市川房枝記念会監修) 日本図書センター、一九九四年一一月

5 リベラリズムの課題を生きる――尾崎咢堂から戦後への道

憲政記念館における講演。「討論集会」(尾崎行雄記念財団)No.123、一九九五年一月

第Ⅱ部 人間と歴史への考察

1 人間と歴史への洞察――ラインホールド・ニーバー生誕百年に

ニーバー生誕百年記念会における講演(於東京芸術劇場)。聖学院大学綜合研究所紀要No.4、一九九四年二月

2 日本思想史におけるキリスト教――浅野順一にふれて

浅野順一記念講演(於砧教会)。『共助』第四四巻第一二号、一九九四年一二月

本書の出版にあたり、岩波書店編集部の高村幸治さん、および、川原裕子さんにお世話になったことを心から感謝する。

一九九五年一〇月

武田清子

■岩波オンデマンドブックス■

戦後デモクラシーの源流

1995年11月28日　第1刷発行
2014年 6 月10日　オンデマンド版発行

著　者　武田清子《たけだきよこ》

発行者　岡本　厚

発行所　株式会社　岩波書店
〒101-8002　東京都千代田区一ツ橋 2-5-5
電話案内　03-5210-4000
http://www.iwanami.co.jp/

印刷／製本・法令印刷

ISBN978-4-00-730118-6　　Printed in Japan